정직하게 말해, 오늘날 한국 교회의 문제는 지도자와 관련한 문제이다. 한국 교회의 새로운 비상도 지도자에 달려 있다. 지역 교회를 담당하던 목회 일선에서 물러나 여러 교회의 현장을 둘러보며 확신 하나가 생겼다. 말씀의 기준에 부합하는 지도자들이 세워지고, 그들이 말씀에 근거하는 지도력을 발휘할 때, 다시 한 번 한국 교회가 영적인 에너지를 터뜨리며 이 시대에 귀하게 쓰임받는 그릇이 될 것이라는 점이다. 본질 회복을 위해 몸부림치는 캐피톨힐 교회에서 장로로 목회자로 동역한 저자의 성경적 균형 감각이 돋보이는 이 책은 한국 교회의 새로운 비상을 위한 불쏘시개의 에너지가 충분하다.

최흥준

호산나교회 원로목사, 국제목양사역원 원장

목사로서 이런 생각을 자주 한다. '나도 언젠가 주님 곁으로 가게 될 텐데, 그러면 어떤 지도자가 우리 교회를 이끌어나갈까?' 다음 세대의 지도자를 세우는 일은 교회가 맞닥뜨린 크나큰 도전이다. 꼭 필요한 주제를 멋지게 다뤄 준 타비티 얀야빌리에게 감사한다. 이 책이 큰 도움을 주리라고 확신한다.

더글라스 윌슨

뉴 세인트 앤드루스 칼리지 부설 '철학 및 고전언어 연구소' 연구위원

아이다호 주 모스코 크라이스트 교회 담임목사

나는 늘 내일의 장로와 집사를 찾아내 훈련하고 세우는 목사다. 그러기에 이 책이 반갑기 그지없다. 첫 문장부터 단순 명료하면서도 확신이 가득하며, 튼실한 성경적 가르침이 배어난다. 그 무엇보다 각 장 끝에 언급한 실제적 조언은 이 책의 진정한 가치를 증명한다. 이 책은 교회를 성경 말씀 위에서 바르게 인도하려는 모든 사람에게 더없이 유익한 지침서가 될 것이다.

마이크 불모어

위스콘신 주 브리스톨 크로스웨이 커뮤니티 교회 담임목사

우리에게 절실히 필요한 지도자를 어떻게 찾아내고 훈련해야 하는가? 타비티 목사가 이 중요한 문제를 속속들이 짚어보는 책을 냈다. 실제적이면서도 신학적으로 충실하다. 내일의 집사와 장로를 찾을 때, 늘 곁에 두고 참고할 만하다. 실제적이고, 적절하며, 생각하게 하는 책이다.

데이브 크래프트

오렌지카운티 마스힐 교회 목사, 《끈질긴 리더》(*Leaders Who Last*) 저자

타비티 얀야빌리는 교회가 성장 과정에서 잊기 쉬운 기본들을 잘 일깨워준다. 교회는 충성된 집사와 장로가 필요하다. 이 책은 교회 일꾼이 필요할 때 어떤 사람을 찾아야 하는지 가르쳐준다. 이 책의 질문은 내 영혼에 신선한 활력소였고, 내가 목사로서 더 다듬어야 할 것들을 보여주는 거울이었다.

콘라드 음베웨

잠비아 루사카 카바타 침례교회 목사, 《양 떼를 위한 기초》(*Foundations for the Flock*) 저자

이 책은 성경이 말하는 집사와 장로의 자격을 폭넓게 살펴보고 있다. 아울러 하나님이 그분의 일꾼들에게 무엇을 의도하시는지 주의 깊게 생각해보게 한다. 교회는 어떤 사람을 찾아야 하는가? 당신이 그런 사람인가? 깊이 들어가보면, 교회 지도자란 무엇인가에 대한 우리의 생각을 완전히 전환해준다. 교회 지도자의 자질은 학문이나 직업적 성공이 아닌 '경건'에 달려 있다. 교인들과 교회 지도자들이 이제껏 가치 있게 여기며 일궈온 것을 리더십 차원에서 달리 생각하도록 도와주는 책이다. 모두에게 유익하다.

조나단 리만

〈나인마크스〉(*9Marks*) 책임 편집자, 《반향》(*Reverberation*) 저자

저자는 미래에 받게 될 장로나 집사의 직분을 사모하며 이를 위해 훈련받는 사람들에게 필요한 말씀을 목회서신을 통해 꼼꼼히 살핀다. 이 책은 성경에 충실하면서도 현장성이 있어서 바로 활용할 수 있다. 또한 목사와 평신도

모두에게 통찰력과 도전을 준다. 많은 교회들이 숱하게 뜻을 찾으나 화석화된 종교 의식이나 행하며 근근이 버텨나간다. 그러나 이러한 교회의 지도자들이 이 귀한 책의 단순한 권면을 겸손히 받아들인다면, 활력 넘치고 그리스도를 기쁘게 하며 영혼을 구원하는, 공동체를 변화시키는 교회로 바꿀 수 있을 것이다.

에릭 레드몬드

메릴랜드 주 템플힐스 리포메이션 얼라이브 침례교회 담임목사

교회를 이끌 일꾼을 선택하는 일은 더없이 중요하다. 나의 친구이자 동역자 타비티 얀야빌리가 이 주제와 관련해 쓴 이 귀한 책을 적극 추천한다. 깊이 있고 실제적이다. 이 책에 배어 있는 저자의 통찰력은 지역 교회가 충성된 일꾼을 찾아내고, 훈련하며, 길러내는 데 큰 도움이 될 것이다.

제임스 맥도널드

일리노이 주 롤링 미도우스 하베스트 바이블 채플 담임목사

지역 교회를 향한 확고한 사랑 때문에 타비티 목사는 성경적 리더십을 아주 중요하게 여긴다. 성경적이면서도 교회가 직접 활용할 수 있는 이 책은 교회 지도자가 갖춰야 할 자격을 성경의 가르침과 연결해 분명하게 설명한다. 그렇다고 해서 자격을 꼼꼼히 설명하는 데서 그치지 않는다. 교회 지도자를 꿈꾸는 사람들이 스스로 물어야 하고, 이들을 면담하는 사람들도 물어야 하는 유익한 질문을 제시해준다. "타비티 목사님, 감사합니다! 이 책 덕분에 장로로서 제 소명을 더 깊이 생각하게 되었습니다. 그리스도의 교회에서, 하나님을 영화롭게 하고 사람들을 사랑하는 다음 세대 지도자를 길러내려는 노력도 더 깊이 생각하게 되었습니다."

톰 스텔러

미네소타 주 미니애폴리스 베들레헴 침례교회 지도자 개발 담당 목사

충성된
장로와 집사를
찾아서

Finding Faithful Elders and Deacons

충성된
장로와 집사를
찾아서

타비티 M. 얀야빌리 지음 | 전의우 옮김

국제제자훈련원

차례

충성된 장로이자 종으로서

예수님을 높인

필립 페들리를 기억하며

경건한 지도자를 길러내는
충성된 교회를 꿈꾸며

―――

"또 네가 많은 증인 앞에서 내게 들은 바를 충성된 사람들에게 부탁하라 그들
이 또 다른 사람들을 가르칠 수 있으리라" 디모데후서 2:2

―――

경건한 지도자가 없는 교회는 위태롭다. 지도자를 길러내지 못하
는 교회는 충성되지 못하다. 하나님은 각 교회가 성숙하고, 하나 되
며, 견고히 서게 하기 위해 교회에 지도자를 주신다. 따라서 교회에
는 경건하고 충성된 지도자를 길러내는 지도자가 있어야 한다. 이
런 지도자가 없는 교회는 고통이 이만저만이 아니다.

　사도 바울은 교회 지도자가 얼마나 중요한지 잘 알았다. 디모데
후서에서 바울은 믿음으로 낳은 '아들' 디모데에게 몇몇 교훈 및 권
면을 하면서 좋은 지도자를 찾으라고 권고한다. 디모데는 외할머니
로이스와 어머니 유니게에게 영적인 가르침을 받으며 자랐다(딤후

2:2, 5). 그리고 바울과 여행하고 곁에서 섬기면서 그에게 배웠다. 이제 죽음이 코앞에 닥친 바울은 '교수대의 그늘에서'[1] 거의 매 구절마다 깊은 애정을 담아 디모데에게 편지를 써 내려간다. 편지에는 숱한 보석이 박혀 있다. 그중 하나는 "충성된 사람들"을 찾아 "부탁하라"(entrust, 맡기라)는 간절한 권고다.

바울의 가르침은 반드시 삶으로 실천해야 한다. 충성된 사람들은 그의 가르침을 전해야 한다. 목사라면, 충성된 사람들을 찾아 훈련할 줄 알아야 한다는 뜻이다. 사람들을 훈련하는 은사가 없다면, 목회자로 부름받았을 것 같지 않다.

나를 찾아내 과연 신뢰할 만한 사람인지 살피며, 내게 복음의 보화를 맡기신 분들이 있다. 나는 이분들의 산물이다. 피터 로셀 목사님이 생각난다. 그분은 교회를 개척하면서, 곁에서 함께 일하자며 나에게 사심 없이 기회를 주셨다. 그분은 먼저 설교하고 가르치라며 나를 독려하셨다. 그분의 성경강해 방식은 지금껏 내게 큰 영향을 끼쳤다.

마크 데버 목사님도 떠오른다. 데버 목사님은 제자를 길러내고, 하나님의 말씀을 가르치는 일에 특별한 은사가 있었다. 나를 더없이 부드럽고 온화하게 대하시던 모습이 눈에 선하다. 캐피톨힐 침례교회에 지원서를 내고 면접을 보던 날, 목사님을 처음 만났다. 데버 목사님은 내게 이 땅에 살면서 무엇을 하고 싶으냐고 물으셨다. 나는 조금 주눅 든 표정으로 대답했다.

"주님이 허락하신다면, 전임사역자가 되어 사랑으로 섬기고 싶습니다."

그러자 데버 목사님은 호기심에 눈썹을 치켜세운 뒤 고개를 조금 기울인 채 물으셨다. "정말인가요?"

그러더니 곧 내 아내에게 물으셨다. "남편이, 가르치는 일을 할 수 있을까요?"

그 순간 이런 생각이 들었다. '안 돼, 이건 돌발 상황이야! 아내가 뭐라고 대답할까?'

다행히 아내는 자신 있게 대답했다. "그럼요!"

데버 목사님은 다시 나를 향해 말씀하셨다. "교회 사무실로 전화해 저와 꾸준히 점심 식사를 하도록 일정을 잡으세요. 만나서 좋은 기독교 서적과 관련한 이야기를 나눠봅시다. 제 삶을 보여주지요."

그때 들은 말이 지금도 생생하다. 나는 캐피톨힐 침례교회에서 5년을 일했다. 그동안 마크 데버 목사님을 비롯해 마이클 로렌스, 매트 슈머커 등 숱한 사역자들이―교회의 모든 식구들은 말할 것도 없고―나를 위해 헌신했다. 그뿐 아니라, 자신들이 주님과 복음, 그분의 신부에 대해 듣고 읽으며 보고 배운 대로 내게 위임했다.

― 다단계 판매원에게는 있는데 교회에는 없다?

수년 동안 서점에 들를 때마다 거의 매번 누군가 다가와 묻는다.

"집에서 일주일에 딱 열 시간만 투자하면 매달 오백 달러에서 천 달러를 부수입으로 벌 수 있는데, 관심 있으세요?"

혹시 내 이마에 '다단계 판매원의 밥'이라고 쓰여 있지 않나 싶다. 나를 '하위 판매원'으로 끌어들이려는 속셈이다. 이 판매 조직은 의심할 줄 모르는, 잘 속아 넘어가는 사람들에게 다가가 벼락부자가 되게 해주겠다는 달콤한 말로 유혹한다. 이들은 아주 열정적으로 몸집을 불린다.

그렇다면 다단계 판매원에게는 있는데 목사에게는 없는 게 무엇일까?

직판 업체와 다단계 판매 업체는 미래의 직원을 끊임없이 찾아다닌다. 그리스도의 대사(大使)도 마땅히 그래야 한다. 우리는 화해의 직분을 맡은 그리스도의 소유된 백성이다. 따라서 하나님의 좋은 소식을 맡을 청지기를 길러내야 한다. 이것이 우리의 일이며 기쁨이다. 우리가 이렇게 할 때, 이 청지기는 복음을 지키고, 다시 사람들을 찾아내 복음을 가르친다.

목사라면, 사람을 찾아내 훈련해야 한다. **말하기**는 쉽다. 하지만 실제로 사람을 찾아내는 것은 어떤 일이며, 이 일은 어떻게 이뤄지는가?

나는 목사와 장로에게 권하고 싶다. 교회 지도자로 세울 만한 충성된 일꾼을 찾아내 훈련하기 위해 머리를 맞대고 의논하라고. 나는 이 분야의 전문가가 아니다. 이 분야에서 잔뼈가 굵고 연륜을 쌓은, 나보다 훨씬 뛰어난 전문가들이 수두룩하다. 영적 햇병아리를 빼어난 장로로 탈바꿈하는 10단계를 바라는가? 이 책에 그런 것은 없다. 아무나 골라 뛰어난 지도자를 만드는 확실한 공식도 없다.

그 대신 바울이 디모데전서 3, 4장에서 디모데에게 가르침을 준 짧은 묵상들은 있다. 먼저 디모데전서 3장을 중심으로, 성경이 말한 집사와 장로의 자격을 살펴보고, 몇 가지 질문을 하겠다. 집사와 장로는 성품이 어떠해야 하는가? 이런 성품을 어떻게 찾아낼 수 있는가? 그런 다음 디모데전서 4장을 중심으로, 바울이 디모데에게 강하게 권한 부분을 충성된 목회 모델로서 살펴보겠다. 하나님이 허락하시면, 여기서 크리스천 지도자의 자질과 의무도 생각해보겠다.

이 중요한 주제에 대해 할 말이 얼마든지 더 있을 것으로 보인다. 관심 있는 독자라면, 이 주제와 관련해 탁월한 책을 충분히 구해 읽을 수 있을 것이다.[2] 그렇지만 나의 이 얇은 책이 지도자를 길러내길 간절히 원하는 교회와, 몇몇 질문을 하고 아이디어를 줄 만한 대화 상대가 필요한 이들에게 도움이 되어 기존 자료를 조금이나마 보충하길 바란다.

이 책의
사용설명서

━ 이렇게 사용하라

첫째, 기도하며 이 책을 사용하라. 양 떼를 돌보며 섬기는 목사와
장로를 위해 기도하라. 교회 안에 이 중요한 일을 감당할 일꾼들이
더 일어나도록 기도하라. 섬기는 사람들에게 주님의 은혜가 넘치도
록 기도하라. 교인들이 목자를 진심으로 인정하고, 사랑하며, 보살
피도록 기도하라. 모든 교인이 장로의 자질을 점점 더 갖추도록 기
도하라. 사람들이 섬기는 지도자로서 자기 삶을 드려 그리스도의
몸을 섬기려는 경건한 바람을 품도록 기도하라.

둘째, 실천하며 이 책을 사용하라. 이 책은 세밀한 논쟁에 깊이
파고들지 않는다. 그 대신 쉽고 빠른 적용을 제시한다. 이 책이 단

지 무엇인가를 생각하도록 하는 데서 그치지 않고, 집사와 장로 후보자를 찾아내 훈련하는 데 실제로 도움이 되길 바란다. 이 책이 말하는 제안을 실행에 옮기라. 그리고 자신이 섬기는 교회가 처한 구체적 상황과 충성된 지도자에게서 얻은 경험과 지혜를 통해 이 제안을 개선하라.

마지막으로, 이 책을 가르치는 데 사용하라. 다시 말해, 이 책을 활용해 가르치고 교훈하라. 교회는 일정 기간 계획하고 연구한 뒤에 첫 장로들을 세워야 한다. 목사들은 이 책을 활용해 교회가 미래의 장로들에게서 어떤 자질을 찾으며, 그들이 어떤 자질을 갖추도록 기도해야 하는지 평신도들에게 확고하게 제시할 수 있다. 목회자 청빙위원회도 이 책에서 비슷한 도움을 받을 수 있겠다.

━ 이렇게 사용하지 마라

이 책은 기존의 교회 지도자를 헐뜯고 그들에게 반기를 들려는 사람들을 위한 자료집이 아니다. 목자들은 완벽하지 않고, 하나님은 목회 기준을 필연적으로 높게 정하신다. 그렇더라도, 하나님은 은혜의 기둥으로 이 기준을 떠받치신다.

이 책의 독자는 주님의 은혜를 꼭 염두에 두어야 한다. 그래야 지나치게 비판적이지 않고, 복음을 잊지 않으며, 판단하는 태도를 취하지 않는다. 주님의 백성이 주님이 세우신 목자를 지나치게 비판하는 것만큼 해로운 일도 없다. 사실 성경이 말하듯, 영적 지도자에게 반기를 들어봐야 이로울 게 하나도 없다(히 13:17). 이 책에 실린 짧은 묵상이 목회자와 교인 모두에게 유익하길 간절히 바란다.

"우리가 그리스도 안에서 자라도록, 주님은 자신의 몸(교회)에 각종 은사를 이미 주셨습니다(엡 4:11-16). 주님, 이 책을 기쁘게 사용하시어 우리로 이런 은사를 깨닫도록 도와주십시오."

그랜드케이맨 섬에서

타비티 M. 얀야빌리

1부

참된 집사를 찾아서
— 누가 집사가 될 수 있을까?

1

식탁 시중꾼_
집사의 본질

———

나는 레스토랑에서 일대일로 제자훈련을 하기에 그곳에 자주 간다. 레스토랑에서 교인과 만나, 성경을 논하고 삶을 나누며 좋은 기독교 서적에 대해서도 이야기한다. 교인들과 함께 하는 식사가 즐겁다. 더욱이 좋은 웨이터까지 만나면 레스토랑 나들이는 그야말로 횡재한 느낌이다. 친절한 웨이터가 언제든지 달려와 식사 시중을 해주면 레스토랑 나들이의 기쁨은 두 배나 된다.

물론 안 좋은 점도 있다. 일반적으로, 레스토랑에서 고객이 웨이터를 선택하지는 않는다. 고객이 레스토랑에 들어서면, 주인이 빈 자리로 안내한다. 손님은 안내받은 자리에서 주인이 배정한 웨이터를 기다려야 한다. 친절한 웨이터가 시중을 들기도 하지만 그렇지 않을 때도 있다. 이를테면, 웨이터가 메뉴를 제대로 모르거나, 그날 안 좋은 일을 겪었거나, 솜씨가 영 서툴거나, 고약한 고객의 시중을 조금 전까지 들다가 우리에게 왔을지도 모른다. 그러니 좋은 웨이터를 만나면 한마디로 로또를 맞은 거다.

당신은 미처 깨닫지 못했을지 모르지만 각 지역 교회의 모습 속에 레스토랑 식사와 적어도 한 가지 비슷한 점이 있다. 교회에도 '식사 시중꾼'(table server)들이 있다는 것이다. 우리는 이들을 '집사'라고 부른다. 지역 교회가 하나 됨 속에 기쁨과 평안의 열매를 맺을 수 있는 것은 충성된 식사 시중꾼(집사)들이 있기 때문이다. 다시 말해, 교회의 열매는 자기 본분을 잘 지키며 열심히 섬기는 식사 시중꾼들이 있느냐에 달렸다.

몇 장에 걸쳐, 그리스도의 몸인 교회를 돌보는 일에 헌신할 충성된 집사(식사 시중꾼)를 찾는 일에 초점을 맞추겠다. 지난 세월, 많은 교회가 성경에서 장로 모델만을 채택하는 데 주력했다. 즉, 집사의 정의와 그 역할, 중요성에 대해서는 소홀했다. 그러나 집사는 교회를 섬기고 교회의 사역을 확장하는 데 꼭 필요하다.

사도행전 6장이 이것을 잘 보여준다. 사도들은 예루살렘 교회를 향해 성령과 지혜가 충만한 자를 찾으라고 촉구한다. 이 구절에서 '집사'(deacons)라는 단어가 사용되지는 않았지만, 집사를 가리키는 것은 분명하다.

기회: 사도행전 6장은 "그때에 제자가 더 많아졌는데"(1절)로 시작한다. 이는 당시 상황이 영적으로 부흥하는 시기였음을 의미한

다. 많은 영혼이 회심하고 그리스도의 학교에 등록했다. 하나님의 말씀이 전파되고 풍성한 열매가 맺혔다.

위협: 그러나 헬라파 유대인들, 즉 헬라어를 쓰는 유대인들이 히브리파 유대인들, 곧 히브리어를 쓰는 유대인들을 향해 불만을 터뜨렸다. 헬라파 유대인들은 헬라파 과부들이 양식을 공평하게 분배받지 못한다고 믿었다. 게다가 불공평한 분배가 우연으로 보이지 않았다. 마치 헬라파냐 히브리파냐에 따라 과부들이 다르게 대우받는 것 같았다. 문화적·인종적 편견이 교회의 하나 됨과 지체들의 육체적 행복을 위협하는 듯했다.

해결책: 그래서 사도들은 두 가지를 실행에 옮겼다. 첫째, 사도들은 육체의 필요를 돌보는 일보다 말씀과 기도에 우선순위를 두기로 했다. 둘째, 교회를 향해 '접대'(serve tables, 식사 시중)를 전담할 일곱 집사를 선택하라고 했다. 이로써 사도들은 말씀 사역과 과부를 돌보는 일에 모두 충실할 수 있었다.

현대인들은 종종 '식사 시중'을 하찮게 여긴다. 대학생들은 학비를 벌기 위해 식당에서 아르바이트를 한다. 직장을 구할 때까지 시간을 보내기 위해 식당 아르바이트를 하기도 한다. 이 식사 시중을 입에 풀칠하려면 감내해야 하는 불가피한 희생쯤으로 여긴다.

그러나 주님의 교회에서는 다르다. 사도들은 성령의 감동으로 새로운 직분을 세운다. '식사 시중'은 고귀한 사명이기에 이를 위한 구체적 목적이 필요하다. 집사의 중요성은 이 직분을 감당할 사람들이 갖춰야 할 성품("성령과 지혜가 충만하여")과, 이 직분이 말씀과 기도 사역을 원활하게 해주고 교회를 하나 되게 하고 교회에 힘을 더

한 사실에서 확인된다. 집사 직분은 이처럼 아주 중요하다.

당신이 섬기는 교회에 보살핌을 제대로 받지 못하는 과부들이 있는가? 그렇다면, 집사들과 상의해야 한다. 한편 교회가 구제 사역을 불공평하게 하고 있지는 않은가? 이 역시 집사들이 해결해야 할 일 같다. 다른 한편, 교회 안에 문화적 갈등과 위협이 있지는 않은가? 그리스도인의 삶에서 더욱 다양한 교회의 모습을 보길 원하는가? 집사를 세운 목적은, 교회에서 문화적·언어적 경계를 허물어 조화를 이루기 위해서다.

교회가 분열 위기에 처했는가? 초대 교회 집사들은 '충격 흡수장치'였다.[3] 이들은 불평과 걱정을 흡수해 경건하게 해결했고, 이로써 성도들의 하나 됨과 성도들의 증언에 힘을 더했다.

초대 교회가 스데반, 빌립, 브로고로, 니가노르, 디몬, 바메나, 니골라를 집사로 선택했을 때, 놀라운 일이 일어났다. "하나님의 말씀이 점점 왕성하여 예루살렘에 있는 제자의 수가 더 심히 많아지고 허다한 제사장의 무리도 이 도에 복종"한 것이다(행 6:7). 우리 안에 하나님의 말씀이 왕성하고, 제자의 수가 심히 많아지며, **허다한** 사람들이 믿음에 복종하는 모습을 보고 싶지 않은 사람이 있겠는가? 집사들이 하나님이 주신 사명을 잘 감당하니, 이런 일들이 초대 교회에서는 점점 더 많이 일어났다. 이들이 맡은 바 직분을 잘 감당하자 말씀의 일꾼, 곧 사도들이 자기 일에 충실할 수 있었다. 그러기에 이런 희망을 품고 기도한다.

"주님, 교회에서 집사 직분이 차지하는 중요성을 잘 알았습니다. 이 직분을 감당할 자들을 어떻게 찾아내야 할지 인도해주십시오."

2

영적으로 무장된 사람

"형제들아 너희 가운데서 성령과 지혜가 충만하여 칭찬받는 사람 일곱을 택하라 우리가 이 일을 그들에게 맡기고" 사도행전 6:3

은혜롭고 친절하신 하나님은 내가 지금껏 목회 현장에서 장로와 담임목사로 여러 해를 섬기도록 허락하셨다. 하나님이 내게 목회 현장에서 섬기도록 허락하신 기간이 길어질수록, 교회에서 집사로 섬길 충성된 사람들을 위해 기도하는 것이 얼마나 중요한지 더욱 뼈저리게 느낀다.

최근에 우리 교회는 집사직에서 은퇴한 형제님을 축하해주었다. 이 집사님은 대형 통신회사를 운영하고 있어 항상 눈코 뜰 새 없이 바빴다. 그러나 교인들은 하나같이 그를 겸손하고, 영적인 일에 관심을 두며, 섬기려는 열정이 뜨겁고, 지혜가 충만한 사람으로 기억했다.

교인들이 이 집사님에게 감사하는 모습을 보면서, 문득 사도행전 6장에 나타난 성령께서 주시는 지혜와 사도들의 통찰력이 떠올랐다. 사도들은 아직 햇병아리였지만, 빠르게 성장하는 예루살렘 교회를 향해 이렇게 지시했다. "너희 가운데서 성령과 지혜가 충만하여 칭찬받는 사람 일곱을 택하라"(행 6:3). 은퇴한 우리 교회 집사님도 틀림없이 이런 자격을 갖추었다. 모든 교회에는 이런 사람이 필요하다.

교회는 집사를 찾을 때, 반드시 성령이 충만한 사람을 찾아야 한다. 집사의 직무는 영적인 직무다. 즉, 집사의 일은 영적인 일이다. 교회가 집사들에게 실제적인 일을 맡기더라도 말이다. 성령 충만하지 못한 사람을 집사로 세우면, 교회와 복음에 아무 유익이 되지 못한다. 집사는 성령과 지혜가 충만한 사람이어야 한다.

▬ 질문과 관찰

1) 집사 후보자가 성령과 지혜가 충만하다는 평판을 듣는가?

사도들은 이런 성품을 가진 자들을 택하라고 했다. 성품이 증명되지 않은 자를 택하고 결과는 운에 맡기라고 하지 않았다. 집사는 성령의 다스림을 받는 사람이어야 한다. 자신의 육적인 본성이나 죄악 된 본성에 지배받는 사람이어서는 안 된다. 더욱이 집사 직무를 바르게 감당하려면 하나님을 경외하며 살아야 한다. 이것이 지혜의 근본이기 때문이다. 집사는 하나님의 가르침대로 살며, 이 가르침을 상황마다 적용할 줄 아는 사람이어야 한다. 이것이 지혜의 본질이다. 그러므로 우리는 이렇게 물어야 한다. 집사 후보자가 성령과 보조를 맞추며 하나님 앞에서 지혜롭게 산다는 평판을 듣는가?

2) 집사 후보자가 말씀과 기도 사역을 교회의 실제적 필요보다 우선시하는가?

사도들이 집사를 세운 첫째 목적은 말씀 사역을 소홀히 하지 않기 위해서다. 그러므로 교회는 집사 후보자에게 분명히 이해시켜야 한다. 집사의 역할은 말씀 및 기도 사역을 하는 이와 경쟁하는 것이 아니라, 말씀 및 기도 사역이 원활하게 이뤄지도록 돕는 것이라고. 집사는 윤활유 역할을 해야 한다는 것을 후보자가 아는가? 아니면, 이런저런 실제적 필요에 더 관심을 두어야 한다고 주장하는가? 마틴 로이드 존스는 사도행전 6장 3절을 강해하면서, 집사는 세 가지 면에서 영적 문제와 말씀 사역의 우선순위를 꼭 인식해야 한다고 했다.

하나님의 말씀을 전하는 일보다 '식탁 시중'(공궤)을 앞세우는 것은 잘못입니다. 어느 때라도 사람을 하나님보다 앞세우는 것은 잘못이기 때문입니다. 간단히 말해, 이것이 세상이 겪는 진짜 문제입니다. 세상은 인간이 중심입니다. 인간이 전부입니다. 그렇기에 사람을 하나님보다 앞세우는 것은 잘못입니다.

둘째, 몸을 영혼보다 앞세우는 것은 잘못입니다. 바꾸어 말하면, 우리는 하나님뿐만 아니라 인간을 향해서도 잘못하고 있습니다. 인간이란 무엇입니까? 현대 이론에 따르면, 인간은 육체일 뿐입니다. 그래서 육체와 관련된 온갖 것에 집중해야 한다고 말합니다. 육체에 맛있는 음식과 음료, 따뜻한 의복과 쉼터, 편리한 의료 서비스, 충분한 성생활을 공급하라고 말합니다. 참으로 비극입니다. 인간이 하나님께 등을 돌리고 육체의 필요에 집중함으로써 스스로를 높이고 있다니 말입니다. 하나님의 말씀은 바로 이것을 책망합니다.

마지막으로, 시간을 영원보다 앞세우는 것이야말로 가장 어리석은 짓이요, 가장 큰 비극이 아니겠습니까? 육체를 먹이는 것은 시간에 속한 일에 지나지 않습니다. 음식에 무관심해지고, 음식이 우리에게 전혀 도움을 주지 않는 날이 모두의 삶 속에 점점 다가오고 있습니다. 그때 우리는 음식을 초월하게 됩니다.[4]

견실한 집사는 하나님을 사람보다, 영혼을 몸보다, 영원을 시간보다 우선시한다. 설령 자신이 타인의 육체적 필요를 실제로 돌보고 있더라도 말이다.

3) 집사 후보자가 섬기는 사람인가?

우리 문화에서는 식사 시중을 낮고 천하게 여긴다. 그렇지만 그리스도인들은 잊지 말아야 한다. 이러한 낮아짐과 섬김에서 그리스도의 삶과 겸손이 배어난다. 그리스도께서는 섬김을 받으러 오신 것이 아니라 섬기러 오셨고, 자신의 생명까지 대속물로 주셨다(막 10:45). 그리스도께서는 스스로 이름 없는 자가 되셨고, 스스로 낮아져 종의 형체를 취하셨다(빌 2:3-8). 집사 후보자는 그리스도를 따르는 데 꼭 필요한 것이 '섬김'이라고 보는가? 하찮은 일이나 의무라도 기쁘게 받아들이는가? 아니면, '자신의' 사역을 통해 갈채와 인정, 주목을 받으려 하는가?

4) 집사 후보자가 성령의 열매를 맺는가?(갈 5:22-23)

집사 후보자의 섬김과 평소의 행동에서 성령의 아홉 가지 열매가 나타나는가? 사랑과 희락, 화평과 오래 참음, 자비와 양선, 충성과 온유, 절제 같은 덕목이 드러나는지 확인해야 한다. 집사는 지역 교회에서 이런저런 골치 아픈 상황과 문제를 만난다. 그러니 은혜가 충만하여 성령의 능력과 방식으로 문제를 해결할 줄 알아야 한다. 집사는 "성령으로 행할" 줄 알고, "서로 노엽게 하거나 서로 투기하지 말아야" 한다(갈 5:25-26). 집사는 갈등을 조장해서는 안 되고, 오히려 해결해야 한다. 그러므로 우리는 이렇게 물어야 한다. 집사 후보자가 고자질쟁이인가, 입이 무거운 사람인가? 험담과 불평을 어떻게 끝내야 하는지 아는 사람인가? 그와 함께 있을 때 사람들은 자신을 사랑받는 사람으로 느끼는가? 후보자의 행실을 통해 사람들은 다정함을 느끼는가?

5) 집사 후보자가 성령에 감동된 지혜를 보여주는가?

집사는 문제를 해결해야 할뿐더러 예견할 줄도 알아야 한다. 그래야 교회가 불가피한 장애물을 만날 때라도 사명을 이탈하지 않는다. 문제를 잘 예견하려면, 지혜로워야 한다. 집사 후보자가 사람을 대할 때, 분별력과 통찰력, 건전한 판단력을 보여주는가? 듣기는 속히 하고 말하기는 더디 하며 성내기도 더디 하는가?(약 1:19-20)

타인의 생각을 존중하는가, 아니면 자신의 생각을 고집하는가?(빌 2:3) 결정을 내릴 때뿐만 아니라 실행에 옮기고 다른 사람들의 이해를 도울 때도 지혜를 발휘하는가?

▬ 결론

성령 충만한 사람이 집사 직분을 수행해야 한다. 이는 더 이상 언급하지 않아도 될 만큼 중요하다. 사도들은 특별한 소명과 은사를 받은 사람이다. 이들은 성령 충만한 그리스도인이 집사로 섬기는 것이 더없이 중요하다고 보았다. 그러니 우리에게는 복음 안에서 이러한 동역자들이 더더욱 필요하지 않겠는가? 이런 사람들을 찾아내고 이들을 위해 기도하는 법을 배울 때, 우리가 섬기는 교회는 더욱 힘을 얻는다.

3

진실함으로
진리를 나타낼 수 있는 사람

"이와 같이 집사들도 정중하고 일구이언을 하지 아니하고 술에 인박히지 아니
하고 더러운 이를 탐하지 아니하고" 디모데전서 3:8

존 버니언의 소설 《천로역정》(*Pilgrim's Progress*, 포이에마)에서 주인공 크
리스천은 허망시장(Vanity Fair, '허영시장'으로도 번역한다—옮긴이주)을 간
신히 빠져나와 미사여구(Fairspeech)에서 온 두마음(By-ends)과 동행
한다. 크리스천은 두마음에게 미사여구가 어떤 곳인지 묻는다. 두
마음은 미사여구에는 부유한 귀족들이 산다고 말한다. 그러면서 미
사여구에 사는 친척을 죽 늘어놓는다.

온 마을이 다 저와 한핏줄이지요. 특히 변절 대감, 기회주의 대감, 미
사여구 대감이 다 저희 집안이지요. 동네 이름도 미사여구 대감의 이

름을 땄지요. 그뿐만이 아닙니다. 기름기 씨, 양다리 선생, 무관심 어른도 있답니다. 우리 교구를 담임하는 일구이언 목사님은 제 외삼촌이시지요. 사실대로 말하면, 저는 이렇듯 번듯한 신사가 되었지만, 제 증조부는 뱃사공이셨는데, 먼 산을 보며 노를 젓기로 유명하셨다지요. 저도 증조부와 같은 일을 해서 재산을 모았다지요.[5]

존 버니언의 소설에 등장하는 미사여구의 상류층은 하나같이 진실하지 못한 말을 하는 전염병을 앓는다.

▬ 집사와 진실함

누군들 '일구이언 선생'으로 통하는 교구 목사와 한동네에 살고 싶겠는가? 아첨과 반쪽짜리 진실이 몸에 밴 사람들 사이에서 제아무리 존경받더라도, 버니언의 소설에 등장하는 일구이언 씨는 집사 후보로 전혀 적절하지 않다.

왜 그럴까? 집사는 성령이 충만한 사람이어야 할뿐더러 "정중한"(dignified), 곧 "진실한"(sincere, NIV) 사람이어야 한다. 집사는 '혀가 둘'이거나 '얼굴이 둘'이거나 '이랬다저랬다' 하는 사람이어서는 안 된다. 집사는 진심을 말해야 하고, 집사의 말은 진심이어야 한다. 집사는 아첨을 피하며, 사랑으로 진실을 말해야 한다.

사람들은 두 방식으로 일구이언한다. 한 사람에게는 이렇게, 다른 사람에게는 저렇게 말한다. 또는 **말은** 이렇게, **행동은** 저렇게 한다. 어느 쪽이든, 혀가 둘인 사람은 미덥지 못하며 집사로 섬길 자격이 없다. 집사의 "예"는 반드시 "예"라야 하고, 집사의 "아니요"는 반드시 "아니요"라야 한다(고후 1:17-18).

진실함에서 그리스도의 성품이 드러난다. 주님은 절대로 간교하게 말씀하시지 않았다. 주님은 진리를 가리거나 사람들을 그릇 인도하시지 않았다. 또한 주님은 아첨하시지 않았다. 주님은 누구를 대하시든지 늘 진실했다. 죄 때문에 생긴 절실한 필요를 드러내실 때, 스스로 의롭다 하는 자들을 대하실 때, 영생의 약속을 주실 때도 그랬다. 주님은 무슨 일을 하시든 깨끗했다. 주님은 자신의 종들에게도 진실하며 아첨을 멀리하라고 요구하신다(시 12:2-3; 잠 26:28). 거짓 선생들과 양다리 걸치는 사람들은 아첨을 밥 먹듯이 한다(롬 16:18; 유 1:16). 그러나 그리스도의 종들은 그러지 않는다.

누군가와 중요한 주제로 대화를 나누었는데, '신앙 좋은 파트너'와 대화했다는 확신이 들지 않은 적이 있는가? 그때 느낌이 어땠는가? 크게 걱정되지는 않았더라도, 조금 불안했을 것이다. 상대방이 진실하지 못하다는 생각이 들 때, 그 사람에 대한 신뢰를 잃게 된다.

때때로 하나님은 집사들이 한 사람의 삶에 친밀히 관여해 문제를 해결하길 원하신다. 놀랄 일도 아니지만, 이럴 때 집사의 진실한 태도는 고통을 가라앉히고 문제를 해결하는 데 큰 역할을 한다. 사람들은 설령 해결책이 자신이 원하는 바와 다르더라도, 누군가 진실과 사랑으로 자신을 대할 때 큰 위로를 받는다. "집사의 말은 교회에서 가장 확실한 보증이어야 한다. 교회 안팎의 사람들이 집사의 말이라면 액면 그대로 받아들일 수 있어야 한다."[6]

━ 질문과 관찰

1) 집사 후보자가 약속을 지킨다는 평판을 듣는가?

집사 후보자가 약속하면 꼭 지키는 사람인가? 집사는 맡은 일을
완수하고 자신이 약속한 것은 지킨다는 이력이 쌓여 있어야 한다.
그러므로 우리는 이렇게 물어야 한다. 후보자의 말이 곧 보증수표
인가?

2) 집사 후보자가 여러 사람에게 일관되게 말하는가?

우리는 어떤 사람이 이 상황에서 이렇게 말했다면 다른 상황에
서도 똑같이 말하리라고 어느 정도 확신하고 싶다. 집사는 사람에
대한 두려움을 이겨낼 줄 알아야 한다. 집사는 어쨌든 문제 상황에
투입된다. 그러므로 사람들의 얼굴이나 불확실한 긴장 상황에서 느
끼는 압박감에 굴복해서는 안 된다.

3) 집사 후보자가 사랑으로 진리를 말하는가?(엡 4:15)

같은 말을 일관되게 하는 것은 중요하다. 하지만 타인을 해치거
나 바로 세우지 못한다면, 일관된 말이라도 유익이 없다. "무릇 더
러운 말은 너희 입 밖에도 내지 말고 오직 덕을 세우는 데 소용되는
대로 선한 말을 하여 듣는 자들에게 은혜를 끼치게 하라"(엡 4:29).
집사는 가장 큰 덕목을 자신의 모든 말에 입혀야 한다. 바로 사랑이
다(고전 13:13; 골 3:14).

4) 교회는 공정한 중재자로 알려진 사람들을 찾아야 한다.

두 진영 사이에서 충돌이 일어났을 때, 화평 가운데 양쪽의 필요를 섬김으로 해결해준 사람이 있는가? 편파적이지 않고 정의롭게 말한다고 교인들에게 널리 신뢰받는 사람이 있는가? 집사는 그리스도의 몸 된 교회를 돌보는 데 앞장서야 한다. 그러기에 믿을 만한 말을 하고 약속은 꼭 지키는 사람을 찾아야 한다.

━ 결론

교회를 섬기는 자들은 진실하게 말하고 약속을 지킨다는 신뢰를 얻어야 한다. 그러지 못한다면, 이들이 교회에 무슨 유익을 끼치겠는가? 교회 지도자들이 정직하지 못하고, 투명하지 못하며, 신뢰할 만하지 못하다면, 그 교회는 안전하지 못하다. 진실함은 진리의 최종 기초(final basis)가 아닐는지 모른다. 그러나 진실함이 없다면, 깊은 진리가 전혀 전달되지 못한다.

4

섬김을 즐기는 사람

"이와 같이 집사들도 정중하고 일구이언을 하지 아니하고 술에 인박히지 아니하고 더러운 이를 탐하지 아니하고" 디모데전서 3:8

웨이터가 술에 취해서 팁을 더 달라고 졸라대거나 매상을 올리기 위해 주문을 더 많이 하라고 괴롭힌다면, 누군들 이런 웨이터에게 식사 시중을 받고 싶겠는가? 고객이 주문하려는데 웨이터가 술 냄새를 풀풀 풍기며 말을 더듬는다면, 결코 유쾌한 일이 되지 않을 것이다. 웨이터가 고객이 팁을 후하게 주지 않을 것이라 지레 짐작하고 식사 시중을 형편없이 든다면, 이 또한 결코 유쾌한 일이 아닐 것이다.

바울은 디모데와 우리에게 가르친다. 집사란 모름지기 "술에 인박히지 아니하고 더러운 이(利)를 탐하지 않아야" 한다고. 집사는 장로처럼 술 취하지 않고 절제할 줄 알아야 한다. 집사는 자신의 이익을 위해 남을 이용하려 드는 사람이어서도 안 된다.

흥미롭게도 《KJV성경》(*The King James Version*)은, 집사에 대해서는 자신을 "많은 포도주"(much wine)에 내어주어서는 안 된다고 말하는 반면, 장로에 대해서는 자신을 "포도주에 내어주어서는 안 된다"(not given to wine)라고 말한다. 마치 늙은 제임스 국왕이 장로들은 술을 금하길 원했으나 집사들에 대해서는 그러지 않았던 것처럼 보인다. 어쩌면 그의 장로들은 집사들에게 술을 권했을지도 모르겠다! 어쨌든 술에 빠져 삶이 무너진 사람이라면 집사나 장로, 그 어느 쪽에도 적합하지 않다.

또한 집사는 "더러운 이를 탐하지 않아야" 하고, 추한 기질을 드러내지 말아야 한다. 《NIV성경》(*The New International Version*)은 "부정직한 이익을 추구하지"(pursuing dishonest gain) 말아야 한다고 번역했는데, 이는 조금 더 정중한 표현처럼 들린다. 하지만 더러운 이를 탐한다는 말과 전혀 다르지 않다.

집사가 이 같은 태도를 피하는 것은 특히 더 중요하다고 할 수 있다. 집사는 교회에서 많은 사람, 특히 자신에게 도움을 요청하는 연약한 사람들의 삶과 밀접하게 연관되어 있기 때문이다. 결국 집사의 사명은 그리스도의 몸인 교회의 실제적 필요를 돌보는 것인데, 여기에 자선(慈善)이 포함된다. 그러므로 다른 사람들을 착취하여 자신의 이익을 챙기려 드는 사람이 집사가 되면 더없이 끔찍한 일이라 할 만하다.

1) 집사 후보자가 술을 마시는가?

당신이나 사람들이 보기에 집사 후보자가 술을 절제할 줄 아는가? 아니면, 술 문제에서 약한 모습을 보이고 죄에 빠지는가? 누군가 술을 권할 때, 후보자가 단호히 "아니요!"라고 말하는가? 연륜이 짧고 연약한 그리스도인이 시험에 들지 않도록 후보자가 술과 관련해 자신의 자유를 제한하는가? 책임감 있게 술을 삼가는 모델인가? 사람들은 중독과 충동에서 해방된 삶을 모범적으로 보여주는 지도자와 선생이 있을 때, 삶에 큰 유익을 얻는다.

2) 집사 후보자가 자신의 돈을 관리할 때, 자기를 부인하며 경건하고 후하게 베푸는가? 아니면, 탐욕을 부리는가?

당신이 볼 때 그 집사 후보자가 후하게 베푸는 사람인가, 아니면 돈을 움켜쥘 줄만 아는 사람인가? 우리는 이익을 챙기려는 마음을 버리고 하나님 나라에 우선순위를 둔 청지기를 찾고 있다. 청지기의 마음으로 자신의 자원을 관리하는 사람이 진정한 후보자다.

3) 집사 후보자가 후히 베풀라고 사람들을 독려하는가? 아니면, 사람들의 이기심을 조장해 자신을 위해서만 돈을 쓰라고 권하는가?

예를 들면, 집사 후보자가 교회 재정에 대해 투덜거리는지, 아니면 재정 문제에서 베풂과 일치를 독려하는지 고려해야 한다. 후보자가 선교와 복음 사역에 흔쾌히 투자하려는지, 건축과 재정 안정을 더 강조하며 소리를 높이는지 고려해야 한다. 집사는 곳간을 더 크게 짓는 일에 관심을 쏟는 사람이어서는 안 된다(눅 12:15-21). 그보다는 자신과 교회가 "힘에 지나도록" 베풀 만큼 하나님께 부요한 사람이어야 한다(고후 8:1-5).

4) 집사 후보자가 도움이 필요한 사람들을 대할 때 목자처럼 보살피고 자신을 희생하는가?

집사 후보자가 궁핍한 사람들을 손가락질하는가, 아니면 훈계와 꾸지람이 필요할 때라도 먼저 그들을 섬기는가? 어려움에 처한 사람들을 돕고 문제를 해결하는 데 앞장서야 할 집사가 누군가를 손가락질하고 벌하는 태도는 옳지 않다. 이런 사람은, 누군가를 도와야 할 때 오히려 도움이 필요한 사람들의 마음을 상하게 하고 그들에게 해를 끼친다.

5) 집사 후보자가 돈 문제에서 정직한가?

집사 후보자가 청구서를 미루지 않고 제때 해결하는가? 소득세를 정확하게 신고하는가? 교회 사업을 위해 희생하거나 큰 지출이 필요할 때 조금이나마 흔쾌히 지갑을 여는가? 집사는 그리스도와 그분의 교회를 위한 선한 증인이어야 한다. 그러므로 모든 일에 정직하고 청렴해야 한다.

6) 집사 후보자가 재물을 어떤 태도로 바라보는가?

부자이냐 아니냐는 집사로서 문제 되지 않는다. 초가삼간에 살든 궁궐에 살든, 사람이란 정직하지 못한 이익을 탐하기 쉽다. 탐욕은 부자의 마음에만 사는 것이 아니라 가난한 사람의 마음에도 산다. 그러므로 우리는 집사 후보자가 다음과 같은 아굴의 지혜를 실천에 옮기는지 살펴야 한다. "내가 두 가지 일을 주께 구하였사오니 내가 죽기 전에 내게 거절하지 마시옵소서 곧 헛된 것과 거짓말을 내게서 멀리하옵시며 나를 가난하게도 마옵시고 부하게도 마옵시고 오직 필요한 양식으로 나를 먹이시옵소서 혹 내가 배불러서 하나님을 모른다 여호와가 누구냐 할까 하오며 혹 내가 가난하여 도둑질하고 내 하나님의 이름을 욕되게 할까 두려워함이니이다"(잠 30:7-9). 후보자가 비천에 처할 줄도 알고 풍부에 처할 줄도 아는가?(고후 9:8; 빌 4:11-13) 모든 것을 느슨하게 잡는가, 아니면 구두쇠처럼 단단히 움켜쥐는가? 바울의 표현처럼, "그 어떤 경우에도"(빌 4:12, 새번역) 만족할 줄 아는 집사는, 그리스도의 몸 된 교회에서 다른 지체들에게 만족을 가르치고 만족의 본을 보이는 엄청난 자산이 된다.

▬ 결론

최근 평범하기 이를 데 없는 레스토랑에서 멋진 식사를 했다. 분위기가 참 좋았다. 음식은 평균보다 조금 나은 정도였다. 그런데도 레스토랑에서 했던 식사가 기억에 남는 까닭은 바로 섬김 때문이었다. 서빙 하는 자매는 우리의 필요를 미리 알고 때마다 물과 음식

등을 채워주었다. 우리는 식사 내내 이 자매를 기다리거나 부를 필요가 없었다. 그 자매는 우리를 기다리게 하지 않았다. 그녀는 우리에게 정성을 쏟았고, 우리의 건강까지 묻고 챙겼다. 또한 우리의 대답을 기다렸고, 친절하게 답했다.

그곳에서의 식사가 단순히 음식만이 아니라 관심과 보살핌, 격려까지 준 것 같아 우리는 흐뭇했다. 이 따뜻함을 뒤로한 채 레스토랑을 나오는데, 우리는 팁이나 주는 사람이거나 까다로운 고객이라는 느낌이 전혀 들지 않았다. 섬김을 즐기는 사람에게 섬김을 받았다는 느낌이었다. 집사들이 교회의 필요를 돌볼 때, 교회가 바로 이런 느낌을 받아야 한다.

5

믿음의 비밀을 가진 사람

―――――

"깨끗한 양심에 믿음의 비밀을 가진 자라야 할지니" 디모데전서 3:9

―――――

나는 레스토랑, 특히 잘 모르는 레스토랑에 갈 때, 이따금 한 가지 의식을 치른다. 웨이터가 나를 깜짝 놀라게 해주길 바라는 마음에 웨이터에게 음식을 추천해달라고 부탁한다. 이런 의식은 종일 회의하고 결정을 내리느라 힘든 어느 날, 동료들과 레스토랑에 갔을 때 시작되었다. 더는 스스로 결정하고 싶지 않았다.

그래서 군침 도는 근사한 요리 사진이 실린 멋진 메뉴판을 웨이터에게 내밀며 물었다. "저 대신 주문 좀 해주겠어요? 잡식성이라 뭐든 맛있게 잘 먹거든요." 웨이터는 놀란 표정으로 잠시 머뭇거렸다. 그리고 얼마 후, 아주 맛있는 요리를 내왔다. 그날, 이 웨이터

덕분에 또 하나의 결정을 내려야 하는 고역을 피했다. 새 의식은 이렇게 태어났다.

그 후 10년 남짓 이렇게 해왔다. 하지만 웨이터가 실망스러운 음식을 내온 경우는 지금까지 고작 두 번뿐이었다. 그날 역시 의식을 처음 시작했던 날처럼 무척 바빴다. 나는 젊은 웨이터에게 붉은 고기가 정말 먹고 싶다고 했다. 웨이터는 큰 접시에 옥수수 가루가 들어간 새우 요리를 내왔다. 지금은 안다. 이것은 남부 캘리포니아 저지대의 진미다. 하지만 옥수수 죽에 새우 몇 마리로 허기진 배를 채우기란 사실상 불가능했다. '음식'을 보는 순간, 정말이지 어이가 없었다.

나는 웨이터에게 부담을 주지 않으려고, 무슨 음식이 나오든 만족하며 감사하게 먹겠다고 약속한다. 그래서 옥수수 죽에 버무린 새우를 내왔을 때도, 감사 기도를 하고 맛있게 먹었다.

내가 이런 주문 철학을 고수하는 이유는 아주 단순하다. 웨이터가 나보다 그 식당의 메뉴와 주방 상황을 훨씬 잘 알기 때문이다. 웨이터가 주방장이 무슨 요리를 잘하고 손님들이 무슨 요리를 좋아하는지, 지금 있는 재료로 어떤 맛있는 요리를 만들 수 있는지 안다면, 이러한 내 주문 방식은 훌륭한 전략이 된다. 반대로 그러지 못한다면, 요리를 생판 모르는 문외한이 크나큰 모험을 감행하는 꼴이다. 그러나 앞서 말했듯이, 내가 이 방법으로 주문해 뒤통수를 맞은 것은 고작 두 번뿐이다. 웨이터는 대개 그 레스토랑의 제품을 잘 안다.

━ 믿음을 알아야 한다

이것이 레스토랑의 식사 시중꾼에게 적용되는 사항이라면, 주님의 교회를 섬기는 집사에게는 더더욱 적용되어야 마땅하다. 집사는 자신의 '제품'을 알아야 한다. 사도 바울의 표현을 빌리자면, 집사는 "깨끗한 양심에 믿음의 비밀을 가진 자라야" 한다(딤전 3:9).

집사는 '식사 시중꾼'으로 그리스도의 몸인 교회의 실제적 필요를 돌보기 때문에, '집사가 굳이 믿음이 튼실한 사람이어야 하는가?'라는 의문을 품을지 모르겠다. 이런 까닭에, 구체적인 섬김의 자리에 배정되더라도, 집사란 특별한 기술을 가진 기술자일 뿐 신학적 감각은 거의 또는 전혀 없다고 생각하기 십상이다. 집사는 생각하는 사람이 아니라 행동하는 사람이라고 보기 쉽다.

그러나 "깨끗한 양심에 믿음의 비밀을 가진 자"가 되려면, 예수 그리스도의 복음을 굳게 붙잡아야 한다. 이것은 적어도 세 가지 조건을 암시한다.

첫째, 인식적 조건이 있다. 집사는 성경에 기록된 주님의 가르침, 특히 그분의 삶과 죽음, 그리고 부활과 관련된 사실과 그 사실이 내포하는 신학적 의미를 알고 거기에 동의해야 한다. 집사는 성경의 주장을 알아야 한다. 집사는 복음과 기독교의 본질을 분명하게 표현하고 설명할 줄 알아야 한다. 그러지 못한다면, 어떻게 다른 사람들의 시선을 자신이 섬기는 예수님께로 돌리는 종이 될 수 있겠는가?

둘째, 경험적 조건이 있다. 집사는 믿음을 품은 사람이어야 한다. 구원과 관련해 오직 예수님만 신뢰하고 의지하는 모습을 보여야 한다. 나아가 진정한 회개와 믿음을 보여야 한다. 불신자이거나 믿음이 튼실하지 못한 사람, 신앙을 확신 있게 고백하지 못하는 사람 혹은 복음을 알지 못하는 사람이 집사가 되어서는 안 된다.

셋째, 집사는 "깨끗한 양심으로" 진리를 굳게 붙잡는 사람이어야 한다. 다시 말해, 집사의 삶과 양심은 그가 고백하는 신앙과 일치해야 한다. 단순히 복음의 진리를 의심 없이 붙잡거나 마음으로 믿는 데서 그쳐서는 안 된다. 그리스도인으로 부르심에 합당하게 살지 않으면 안 된다(엡 4:1).

우리는 영적인 식사 시중꾼들에게서 무엇을 찾고 있는가? 회심을 하여 하나님 말씀의 진리를 알고, 또한 충분히 이해했기에 이 진리를 살아내며 다른 사람들에게도 삶으로 드러내는 사람이 진정한 집사다. 교회는 이런 자격을 소홀히 여기지 말아야 한다. 집사란 자신의 사역과 사람들의 삶에 믿음의 진리를 적용하고, 복음을 전하는 상황에 처하기 마련이다. 따라서 집사는 믿음을 굳게 붙잡아야 한다.

▬ 질문과 관찰

1) 집사 후보자가 주 예수 그리스도를 믿음으로 구원받았다고 확신 있게 고백하는가?

교회가 교인 등록 과정에서 면담을 한다면, 대상자의 회심 간증을 들을 가능성이 높다. 그러나 집사를 선택할 때는 교회 지도자와 교인들이 후보자의 간증을 듣고 논의하는 시간을 따로 마련하는 것이 좋다. 이 시간이 종교 재판이 되어서는 안 된다. 교회가 후보자의 삶에서 하나님의 은혜를 확인하는 기회여야 한다.

2) 집사 후보자가 복음을 이해하는가?

집사 후보자는 간증을 통해 복음을 말해야 한다. 하나님, 사람, 예수 그리스도, 회개, 믿음 등을 어떻게 정의하고 믿고 있는가? 삼위일체 하나님의 본성과 인간의 창조와 타락, 예수 그리스도와 그분의 사역, 진정한 회심의 본질에 대해 후보자는 분명하게 말하고 변호할 줄 알아야 한다. 워싱턴 주 시애틀에 자리한 마스힐 교회의 경우, 교회 지도자가 되려면 자신의 신앙고백을 토대로 일련의 신학 질문에 서면으로 답해야 한다.

3) 집사 후보자가 믿음에서 곧잘 멀어지는가?

집사 후보자에게서 기독교 신앙과 그리스도인으로서의 삶을 포기했다는 것을 암시하는 습관이나 태도가 눈에 띄게 보이는가? 후보자의 증언이 안정감 있고 강한가? 혹시 변덕을 부리거나 이랬다 저랬다 하는 경우가 두드러진 적은 없는가? 믿음을 굳게 잡으려면, 꾸준히 믿고 증언해야 한다.

4) 집사 후보자가 복음과 성경의 진리를 삶과 사역에 적용하는가?

집사는 교회 지도자들을 비롯해 지체들 사이에서 십자가 중심으로 사는 사람으로 통해야 한다. 집사는 다른 철학이나 사상이 아닌 그리스도와 그분이 하신 일을 기준으로 교회와 지체들을 섬겨야 한다. 후보자의 생각과 삶을 들여다보면, 과연 그가 하나님의 말씀을 기준으로 섬길지의 여부를 알 수 있다. 집사는 문제를 만날 때 자신의 지식이 아니라 성도들과 함께 성경을 살펴야 한다. 즉, 집사는 교회 안팎에서 믿음으로 살아야 한다.

5) 집사 후보자가 믿음의 깊은 진리를 주저 없이 붙잡는가?

라이벌 '기독교들'이 많아질 경우, 교회 지도자는 성경에 계시된 진리에 집중해야 한다. 그래서 우리는 교회의 신앙고백에 심각한 의심을 품거나 반대하는 집사를 원하지 않는다. 집사는 교회의 신앙고백에 선한 양심으로 서명할 수 있어야 한다. 이것은 집사가 교회의 신앙고백에 완전히 동의하고, 그것을 흔쾌히 변호하겠다는 뜻을 담고 있다. 교회의 신앙고백에 동의하지 못할 경우, 집사는 이 사실을 장로에게 즉시 알려야 한다. 또한 집사는 자신이 섬기는 교회의 성경적 특징, 이를테면 교회의 세례 형태, 교회가 여성에 대해 취하는 입장, 남녀가 가정에서 하는 역할 같은 부분에서, 깨끗한 양심으로 인정하고 지지해야 한다. 후보자는 성경적 입장을 지지하는가?

6) 집사 후보자가 믿음으로 인내하는 사람인가?

집사는 교회에서 어렵고 불확실한 상황에 자주 투입된다. 이는 평화와 안정, 질서를 회복하고 열매도 맺게 하기 위해서다. 그러려면, 집사는 하나님의 말씀을 적용해 믿음과 진리로 인내해야 한다.

이 과정에서 참고 열매를 기다려야 한다. 수고하더라도 바로 열매를 맺지 못하는 경우가 수없이 많다. 따라서 집사는 참고 인내할 줄 알아야 한다.

▬ 결론

많은 교회에서 집사는 가르치는 사역으로 섬긴다. 가르치는 은사가 있을 때, 이런 섬김은 좋다. 그러나 주일학교에서 인도를 하든 안 하든, 집사라면 믿음의 깊은 진리를 하나님의 백성 앞에서 고백하고, 살아내며, 이 진리의 귀감이 되어야 한다. 그러므로 교회는 하나님의 영광과 교회의 건강을 위해, 진리인 하나님의 말씀과 그 말씀이 계시하는 복음에 붙들린 집사들을 반드시 찾아내야 한다.

6

역전의 용사

"이에 이 사람들을 먼저 시험하여보고 그 후에 책망할 것이 없으면 집사의 직분을 맡게 할 것이요" 디모데전서 3:10

대학을 졸업하고 작은 비영리 단체에서 첫 직장 생활을 했다. 장애인들이 일터에 적응하도록 돕는 직업 코치로 일했다. 좋은 사람들과 함께하는 좋은 기회였다.

주 임무는 장애인에게 일자리를 찾아주고, 수습기간 동안 현장에서 장애인을 지도하는 것이었다. 대체로 수습기간에는 양단간에 결판이 났다. 일반적으로, 그 직장이 장애인에게 적합한지 적합하지 않은지 이내 분명해졌다.

몇몇 장애인은 며칠, 심지어 몇 시간도 못 버티고 그만두거나 해고를 당했다. 고용 초기는 피고용인, 고용주, 직업 코치 모두가 테스트를 받는 기간이었다. 이따금 피고용인들은 일이 힘에 부쳤다. 이따금 고용주들은 장애인을 고용할 환경이 못 된다는 것을 알았다.

━ 섬기는 종들 테스트하기

교회를 섬기는 일은 기쁨을 준다. 하지만 이러한 섬김을 통해 이따금 종들이 실제로 테스트를 받는다. 사람들을 섬길 때, 우리는 사랑의 깊이, 인내의 길이, 참음의 질, 심지어 기쁨의 영속성까지 테스트를 받는다. 섬김은 상이 크다. 그러나 이 상은 어려운 상황에서 포장지에 싸여 오는 경우가 많다. 사랑으로 이웃을 섬기는 사람들은 자신이 마치 신상품의 열전도율과 강도와 내구성을 알아보기 위해 설계된 충돌 마네킹 같다는 느낌을 받을 수도 있다.

우리는 집사를 어려운 상황에, 심각한 필요나 심각한 죄 때문에 발생한 상황에 투입한다. 따라서 초보자는 숱한 유혹에 쉽게 노출된다. 그러므로 이런 상황에는 역전의 용사를 투입하는 것이 가장 적절하다. 사도 바울이 디모데와 교회들에게 "먼저 시험하여보고 그 후에 책망할 것이 없는" 식사 시중꾼을 찾아보라고 교훈하는 것도 이런 까닭이다(딤전 3:10).

집사 후보자를 먼저 시험해보아야 한다. 어느 주석가가 말했듯이, "테스트 방법은 구체적으로 명시되지 않았다. 서신 자체가 자격 요건을 제시하며, [디모데전서] 5장 22절 이하는 한 사람의 삶을 평가하는 시간을 꼭 가져야 한다고 명시한다. 이를 토대로, 테스트란 필요한 자격 요건을 아는 교회가 한 사람의 삶에 대해 내리는 사려 깊고 주의 깊은 평가여야 한다고 결론 내릴 수 있다."[7] 테스트에는 무엇보다도 디모데전서 3장에 명시된 영적 자격 요건이 꼭 포함되어야 한다.

― 질문과 관찰

1) 집사 후보자가 성숙하고 성장하는 그리스도인인가?

시간이 지난다고 누구나 성숙하는 건 아니다. 하지만 일반적으로 햇병아리 회심자는 검증되지 않았고 무르익지도 않았다. 자격을 갖추려면 반드시 몇 년을 채워야 한다고 말할 수는 없다. 그렇더라도, 교회는 한 사람을 집사로 세우기 전에, 그가 영적으로 준비되었고 영적 능력을 갖추었는지 점검해야 한다. 후보자의 삶에서 성령의 열매가 뚜렷이 드러나는가? 그는 그리스도를 점점 더 닮아가며, 모두가 그리스도의 장성한 분량에 이르도록 사람들의 성장을 돕는가?(엡 4:11-16)

2) 집사 후보자가 섬김의 영역에서 경쟁력을 보이는가?

유능한 집사를 찾는 일은 구인회사가 전문가를 찾는 일과 다르다. 그러나 지혜와 경험은 교회에게, 지도자로 부름받을 법한 분야에서 이미 능숙하게 섬기고 있는 사람들을 찾으라고 가르친다. 이들은 그 분야와 연관된 능력을 발휘해왔을 것이다. 또는 그 분야에서 경험과 전문 지식을 쌓았을 것이다. "더 큰 섬김을 준비하는 길은 작은 섬김에서 성실함을 보이는 것이다. 이것이 기독교 사역의 보편 원리다."[8] 후보자가 당신의 교회에서 필요로 하는 섬김을 감당할 기술을 갖췄는가?

3) 집사 후보자에게 결격 사유가 있는가?

인격 면에서든 능력 면에서든, 교회가 후보자를 테스트했더니 결격 사유가 될 만큼 심각한 결점이 드러났는지 살펴야 한다.

4) 교인들이 그 후보자가 집사가 되는 것을 반기는가?

테스트를 거치는 사람은 교인들과 교회 지도자들의 온전한 지지와 추천을 받아야 한다. 테스트를 통해, 후보자의 은사와 성품이 검증되고 그의 사역이 확인된다. 테스트를 거치면, 사역에 대한 신뢰감이 높아진다.

결론

주님은 집사 직분을 교회에 덤으로 세우신 것이 아니다. 집사 직분은 쓸모없는 구시대 유물이 아니다. 오히려 집사는 복음이 더 확장되고, 그리스도의 몸인 교회가 더 건강해지며, 성도들이 더 기뻐하도록 주님의 식탁을 섬긴다. 집사는 교회에 없어서는 안 될 존재다. 그러기에, 아주 중요한 이유에서, 바울은 이렇게 결론을 짓는다.

"집사의 직분을 잘한 자들은 아름다운 지위와 그리스도 예수 안에 있는 믿음에 큰 담력을 얻느니라"(딤전 3:13). 집사, 참으로 고귀한 소명이다!

2부

믿을 만한 장로를 찾아서

— 누가 장로가 될 수 있을까?

7

양 떼를 보살핌_
장로의 본질

———

양 냄새를 좋아하는가?

　오븐에 자글자글 구워낸 저민 양고기 냄새를 말하는 것이 아니다. 불면증에 시달리는 사람들이 머릿속으로 세는 상상의 동물도 아니다. 내가 말하는 양은 살아 있는, 매매 울면서 초원을 배회하는 털북숭이 짐승이다.

　사실 나는 양이나 양 목장을 별로 경험해보지 못했다. 언젠가 스코틀랜드에 갔을 때, 영광스럽게도 가족과 함께 윌리엄 매켄지라는 편집인의 양 떼 목장을 방문한 적이 있다.

　그러나 이내 알았다. 실제로 신경 써야 할 것은 양의 냄새가 아니었다. 양이 목초지 여기저기에 아무렇게나 싸놓은 배설물이 더 위협적이었다. 스코틀랜드 고지대는 풍경이 기막히게 아름답지만, 신출내기 목자는 발밑을 보며 시선을 아래에 두어야 한다. 당신 역시 그렇게 해야 한다. 양이란 본디 지저분하기 때문에 목자는 좋은 작업용 장화를 신거나 발걸음을 조심해야 한다.

성경은 거듭 그리스도인을 양으로 묘사한다. 아첨이 아니다. 정확한 묘사다. 그리스도인들은 지저분한 사람이다. 우리의 삶은 깨짐, 낭비, 갈등, 해결되지 않는 문제들로 가득하다. 우리는 소심한 데다가 헤매기까지 한다. "우리는 다 양 같아서 그릇 행하여 각기 제 길로 갔거늘"(사 53:6). 그래서 목자가 필요하다. 양을 어떻게 대해야 하고, 우리를 어떻게 보살피고 인도하며, 뒤죽박죽인 우리의 상황을 어떻게 정리해야 하는지 아는 사람이 필요하다.

그런데 정말로 좋은 소식이 있다. 성경에서 하나님은 자신을 우리의 목자로 계시하신다.[9] 우주의 주인께서 온갖 혼란, 두려움, 연약함, 방황 가운데서 우리를 돌보신다. 어떤 사람은 이 시점에서 위로가 되는 유명한 시, 시편 23편을 떠올리겠다. "여호와는 나의 목자시니 내게 부족함이 없으리로다." 에스겔은 우리를 위해 눈을 떼지 못할 만큼 아름다운 예언을 그려낸다.

> 주 여호와께서 이같이 말씀하셨느니라 나 곧 내가 내 양을 찾고 찾되 목자가 양 가운데에 있는 날에 양이 흩어졌으면 그 떼를 찾는 것같이 내가 내 양을 찾아서 흐리고 캄캄한 날에 그 흩어진 모든 곳에서 그것들을 건져낼지라 내가 그것들을 만민 가운데에서 끌어내며 여러

백성 가운데에서 모아 그 본토로 데리고 가서 이스라엘 산 위에와 시냇가에와 그 땅 모든 거주지에서 먹이되 좋은 꼴을 먹이고 그 우리를 이스라엘 높은 산에 두리니 그것들이 그곳에 있는 좋은 우리에 누워 있으며 이스라엘 산에서 살진 꼴을 먹으리라 내가 친히 내 양의 목자가 되어 그것들을 누워 있게 할지라 주 여호와의 말씀이니라 그 잃어버린 자를 내가 찾으며 쫓기는 자를 내가 돌아오게 하며 상한 자를 내가 싸매주며 병든 자를 내가 강하게 하려니와 살진 자와 강한 자는 내가 없애고 정의대로 그것들을 먹이리라(겔 34:11-16).

주 하나님이 자기 백성의 목자가 되시겠다고 결심한다. 이러한 그분의 결심이 "내가" 또는 "내가 … 하리라"라는 말이 반복될 때마다 천둥처럼 울려 퍼진다. 이러한 결심은 하나님의 아들 예수 그리스도에게서 성취된다. 예수 그리스도께서 "나는 선한 목자라 선한 목자는 양들을 위하여 목숨을 버린다"라고 말씀하셨기 때문이다(요 10:11). 예수님은 뒤이어 이렇게 설명하셨다.

나는 선한 목자라 나는 내 양을 알고 양도 나를 아는 것이 아버지께서 나를 아시고 내가 아버지를 아는 것 같으니 나는 양을 위하여 목숨을 버리노라 또 이 우리에 들지 아니한 다른 양들이 내게 있어 내가 인도하여야 할 터이니 그들도 내 음성을 듣고 한 무리가 되어 한 목자에게 있으리라 내가 내 목숨을 버리는 것은 그것을 내가 다시 얻기 위함이니 이로 말미암아 아버지께서 나를 사랑하시느니라 이를 내게서 빼앗는 자가 있는 것이 아니라 내가 스스로 버리노라 나는 버릴 권세도 있고 다시 얻을 권세도 있으니 이 계명은 내 아버지에게서 받았노라(요 10:14-18).

　좋은 목양은 예수 그리스도께서 계시한 하나님의 생명과 사랑에 뿌리를 두며, 그 생명과 사랑을 본보기로 삼는다. 궁극적으로, 우리에게 필요한 목자는 예수님 바로 그분이다.

　그러나 목자장께서 자신의 양 떼에게 선물로서 경건한 사람들을 부목자(under-shepherds)로 세워, 자신의 피로 산 양 떼를 돌보게 하신다(행 20:28). 우리는 이런 부목자들을 서로 맞바꿔도 좋은 호칭, 이를테면 목사, 감독, 주교, 장로라고 부른다.[10] 목자장처럼, 장로나 목사도 맡겨진 양 떼를 인도하고 먹이며 보호함으로써 양 떼를 보살핀다(벧전 5:1-3).

　집사와 장로는 신약 교회의 두 항존직이다. 집사는 교회의 실제적 필요나 육체적 필요를 돌본다. 반면에 장로는 교회의 전반적인 영적 필요를 돌본다. 두 직분은 국회의 양원, 거의 동등한 권위를 갖는 하원과 상원과는 다르다. 집사가 식사 시중꾼이나 웨이터라면, 장로는 주방장이다. 장로는 교회에서 권위를 발하며 다스린다(딤전 5:17; 히 13:17). 그러나 장로가 무슨 권위를 받았든지 간에, 그것은 예수님께 위임받은 권위다. 더 나아가 성경과 기독교의 사랑은 이러한 권위를 적절히 시행하도록 울타리를 친다.[11] 마크 로더바 목사가 말했듯이 "성경 없는 장로는 권위 없는 장로다". 장로는 양 떼 "위에 군림하지" 않는다. 장로는 그리스도께서 양 떼에게 주신 선물이다. 그러기에 장로는 자신의 이익을 위해서가 아니라 그리스도의 몸을 세우기 위해 양 떼를 인도하고 섬긴다(엡 4:11-16; 고전 12:4-11).

또한 신약성경은 교회들에게 복수(複數)의 장로를 세워 양 떼를 돌보게 하라고 가르친다(행 20:17, 28; 딛 1:5). 장로를 여럿 세우면 여러 유익이 있어 보인다. 장로가 여럿이라는 말은 은사가 다양한 사람들이 목양의 짐을 나누어 지며, 다양한 상황에서 가르치고, 서로 책임감을 다지며, 변화의 순간에도 안정된 리더십을 유지하고, 어려울 때 서로 격려하며, 교회 생활에서 지혜가 필요한 복잡한 문제를 함께 해결해나갈 수 있다는 뜻이다. 장로가 여럿이면, 교회가 든든해지고 계획이 흔들리지 않는다.

마지막으로, 장로는 하는 일에 대해 사례를 받아도 된다. 전임목사가 여기에 해당한다(딤전 5:18). 그런가 하면, 사례를 받지 않는 자원봉사자여도 된다. 숱한 평신도 장로들이 여기에 해당한다. 어느 쪽이든, 장로는 자신의 상을 받는다. 충성된 장로들, 순전한 마음으로 섬기려는 장로들에게는, 목자장이 나타나실 때 큰 상을 받으리라는 확신에 찬 기대가 있다(벧전 5:4). 그러나 충성되지 못한 목자들과 삯꾼들은 두려움에 떨며 심판을 예상할 뿐이다(겔 34:1-10; 요 10:12-13). 아버지 하나님은 아들의 피로 사신 양 떼를 성실하게 섬기는지 소홀히 여기는지 주시하신다.

그러므로 무엇보다도 목자는 충성해야 하는 청지기다(고전 4:1-2). 목자는 양 떼에 관해 하나님께 보고해야 할 사람처럼 영혼을 돌봐야 한다(히 13:17). 18세기를 살았던 르무엘 헤인스(Lemuel Haynes) 목사가 썼듯이 말이다.

복음 사역자가 하는 일은 특히 미래와 관련이 있다. 모든 주제가 다가오는 심판을 향하며, 다가오는 심판은 더없이 엄숙하고 흥미롭다. 사역자들은 다른 사람들과 마찬가지로 책임 있는 피조물이다. 우리에게는 "하나님은 모든 행위와 모든 은밀한 일을 선악 간에 심판하시리라"라는 성경의 무오한 증언이 있다(전 12:14). 우리의 행동 가운데 간과될 만큼 사소한 것은 없다. 그렇다면 복음 사역자들의 사역과 직분과 관련된 중요한 것들이 간과되지 않으리라고 결론짓는 것이 당연하다.[12]

이어지는 여러 장(2부)에서는 장로에게 요구되는 영적 자격을 살펴보겠다. 특히 디모데전서 3장에 명시된 장로의 자격을 주로 살펴보겠다. 3부에서는 디모데전서 4장에 명시된 장로의 의무와 관련된 영적 자격을 살펴보겠다. 이 내용들이 교회가 충성된 목자들을 얻는 복을 누리고, 충성된 목자들이 더욱 잘 섬기고 상 받을 소망을 갖게 하는 데 도움이 되길 바란다.

8

고귀한 일을 갈망하는 사람

"누구든지 감독의 직분을 열망한다면, 고귀한 일을 갈망한다."
디모데전서 3:1(ESV)

장로로 섬길 믿을 만한 사람들을 찾으려면, 무엇보다도 "고귀한 일"(noble task, 개역개정판에서는 "선한 일"로 번역했다―옮긴이주)을 갈망하는 사람을 찾아야 한다. 우리가 원하는 인물은 고귀한 일에 마음을 두는 사람, '감독의 직분을 열망하는' 사람이다.

내 경험으로 보건대, 이런 사람들을 찾기란 말처럼 쉽지 않다. 어떤 사람들은 '감독의 직분을 원한다'. 그러나 이들이 감독의 직분을 원하는 까닭은 권력욕 때문이다. 이런 사람들은 감독 직분에 어울리지 않는다. 반대로 어떤 사람들은 감독의 직분에 적합하지만, 감독 직분을 원하는 자체가 교만이나 경건치 못한 야심이나 무례함을 드러내는 짓이라고 생각한다. 자격을 갖춘 사람들 중에는 갈망이 없거나 장로라면 '슈퍼맨' 또는 '슈퍼 장로'가 되어야 한다는 생각에 사로잡혀 자신은 자격이 없다고 여기는 이들이 있다.

▬ 열망 지피기

실제적으로 말하자면, 목사가 우선해야 하는 일 가운데 하나는 **경건한 야망**(godly ambition)**을 분명하게 제시하고 가르치는 것**인데, 장로가 되려는 경건한 열망도 여기에 포함된다.[13] 충성된 목사라면, (20대를 포함한) 젊은이들에게 장로가 되겠다는 목표를 각자의 열망에 포함시키라고 자주 독려한다. 바울이 디모데전서 3장에서 열거하는 장로의 자질 가운데 "가르치기를 잘하는" 것(2절)을 제외하면, 하나같이 모든 그리스도인이 갖추어야 할 특징이다. 목사가 젊은이들에게 장로가 되려는 열망을 품으라고 도전을 주는 것은 선하고 경건한 일이다. 이것은 그리스도인들에게, "성숙한 그리스도인, 그리스도를 닮아가는 모습이란 이런 것입니다"라고 말하는 또 다른 방식이다. 그리스도인은 이처럼 성숙하고 그리스도를 닮아가는 일을 피하거나 낮잡아 볼 게 아니라 갈망해야 한다.

가정과 교회에서 그리스도의 양 떼를 인도하려는 강하고 경건한 갈망을 품은 사람들이 있다. 이런 사람들이 가득한 교회가 얼마나 힘차게 그리스도를 높일지 상상할 수 있겠는가? 내 경험으로 볼 때, 숱한 교회의 문제점은 정반대 쪽에 있다. 사람들은 대부분 편안함, 익명성, 손쉬움과 같은, 지도자로서의 책임을 제외한 온갖 것을 열망한다.

둘째, 목사라면 **지도자의 일이 선하다는 것을 분명하게 밝히고 가르쳐야** 한다. 바울은 교회 지도자의 자리는 "고귀하다"고 말한다. 정말 그렇다. 그러나 많은 사람들이 지도자의 자리는 짐이거나 골칫거리거나 필요악이라는 인상을 받을는지 모른다. 또 어떤 사람들은 종교 지도자란 모름지기 사기꾼이요 짝퉁이라고 생각할는지 모른다. 수년 동안 나는 목회자가 되라는 내면의 부르심을 외면했다. 스캔들에 휘말리는 텔레비전 설교자들과 악취를 풍기는 목사들하고 한통속이 되고 싶지 않아서였다. 그렇게 끈질기게 버티는데, 하나님이 지도자라는 직분이 선하다는 것을 한층 분명하게 보여주셨다. 따라서 현직 장로들이, 마냥 편안함을 좇는 거짓 태도를 버리고, 섬김의 기쁨을 찾아내고 논의하며 가르치고 본을 보여야 하지 않을까 싶다. 어쨌든 주님은 자신의 교회가 특권을 맡은 자들에게 기쁨이 되길 원하신다(히 13:17).

━ 왜 장로 직분이 고귀한가?

장로 직분이 고귀한 까닭은, 장로가 그리스도의 사람들에게 그리스도의 본을 보이는 일이 **아름답고 영광스럽기** 때문이다. 장로는 모든 일에서 본을 보여야 한다(딤전 4:12). 장로는 예수님을 따르는 모습이 어떠한지 상당한 수준으로 보여주고, 주님의 성품을 눈에 보일

정도로 지니며, 사람들이 따를 만한 본을 보여야 한다. 그리스도를 본받길 갈망하지 않는 사람에게는 이렇게 물어야 한다. "그리스도를 본받는 것보다 더 귀한 일이 정확히 무엇인가요?"

교회에는 크리스천 리더십이 꼭 필요하다. 이것이 곧 장로의 직분이 고귀한 까닭이다. 주님은 경건한 지도자가 필요하도록 교회를 설계하셨다. 양 떼에게는 목자가 필요하다. 목자가 없는 양 떼는 온갖 위험에 빠지고 상처를 입는다. 그러기에 주님은 자신의 양 떼가 목적 없이 방황하며 취약한 상황에 처하는 것을 슬퍼하신다(마 9:36). 양 떼를 돌보는 것은 선한 일이다.

영적 목양은 매우 고귀하다. 그래서 어느 목사는 이렇게 썼다. "내가 어떠한 절망과 낙심에 빠졌을 때도, 더 나은 순간에 처했을 때도, 이보다 더 귀한 일을 생각할 수 없다. 천 번을 살아도, 그 모든 삶을 여기에 기꺼이 바치리라. 천 명의 아들이 있어도, 그 모두를 이 일에 기쁘게 바치리라."[14]

장로의 직분은 고귀하기에 갈망해야 한다. 그러나 누가 이런 경건한 갈망을 지녔는지 분별하려면 어떻게 해야 하고, 무슨 질문을 던져야 하는가?

━ 무엇을 살펴야 할까?

1) 예배와 교회 회의에 늘 참석하는 사람들을 주목하라.

주일 오전 예배와 오후 예배가 있다면, 이들은 두 번 다 참석한다. 그리스도의 몸인 교회에 이렇게 적극 헌신한 사람들에게서 시작하라. 이미 있는 갈망과 헌신을 작동시키는 일이 갈망을 지피는 일보다 쉽다. 장로 후보자의 의욕이 일으키는 자연스러운 흐름 위에 탑승한 목사는 의욕이 없는 사람이 모는 덜컹대고 힘없는 마차를 타는 것보다 이쪽이 훨씬 수월하다는 사실을 알게 된다. 이는 설령 그 사람이 의욕을 제외한 다른 모든 자질이 풍성하더라도 마찬가지다.

2) '장로'나 '목사'가 아닌데도 이미 교인들을 목양하는 사람들을 주목하라.

심방을 하거나 손님을 대접함으로써, (흔히 타인의 요청으로) 상담을 해줌으로써, 교회의 가르치는 사역에 참여함으로써 사람들을 돌보는 사람이 있는가? 우리는 형제들을 열심히 보살피면서 누가 알아주지 않아도 행복해하는 사람을 찾고 싶다. 자연스럽고 조용하게 하나님의 백성을 사랑하는 사람들이야말로 이 고귀한 직분에 제격이다.

3) 기존의 지도자들을 존경하고 신뢰하는 사람들을 주목하라.

지도자들이 추구하는 방향을 이해하려 노력하는 사람, 적절한 상황에서 훌륭하고 적실한 질문을 던지는 사람, 공적 모임에서 혼란이나 알력을 일으키지 않으려 노력하는 사람을 주목하라. 좋은 지도자가 되려면, 먼저 지도자에게 복종하는 능력을 보여야 한다. 한 회중의 목자가 되면, 자신이 지도자로서 복종해야 한다는 사실을 이내 깨닫는다. 지도자라고 해서 늘 지시만 내리는 것이 아니기 때문이다.

4) 시간이 흘러도 갈망이 변하지 않는 사람들을 꾸준히 주목하라.

한 사람을 지켜보라. 그를 격려하라. 결실의 계절에, 메마른 시기에, 기쁨이 충만할 때, 슬픔이 가득할 때, 그의 갈망이 어떤지 살피라. 그의 갈망이 여전하고, 성장하며, 강해지는가? 아니면, 바래고, 시들며, 약해지는가? 갈망이 실현되지 않고 지체될 때 돌아서서 다른 일을 하려 드는가? 우리는 조급함과 미숙함이 아니라 성숙과 겸손으로 지체와 실망을 이겨내는 사람들을 찾고 싶다. 장로 직분을 향한 그의 갈망은, 설령 지체되더라도, 좋은 포도주처럼 시간이 지날수록 숙성되어야 한다. 바울이 말하듯이, 우리는 "아무에게나 경솔히 안수하지 말아야" 한다(딤전 5:22).

▬ 질문과 관찰

장로 직분을 맡을 사람을 검증하려면, 그가 장로 직분을 향해 품은 열망이 어떠한지 분별하기 위해 다음 몇 가지 질문을 던지라.

1) 장로가 되겠다고 생각해본 적이 있나요?

이 질문에서 시작하라. 많은 사람이 장로가 되겠다고 생각해본 적이 전혀 없기에 이 질문을 던지면 흠칫 놀란다. 어떤 사람들은 장로가 되겠다는 생각을 해본 적이 있으나 잘못된 인상, 어쩌면 우리가 바로잡아 줄 수 있는 인상 때문에, 그런 생각을 접었을는지 모른다. 장로가 되겠다는 생각을 해본 적이 없는 사람이라면, 우리가 미리 준비해 그들이 왜 장로가 되어야 하는지 설명해야 한다. 다음과 같이 말이다. "장로가 되는 것은 그리스도인들이 그리스도를 닮아가며 더욱 성숙해가는 한 방법입니다." "집사님에게서 이런저런 모습을 보았기에 장로 직분을 생각해보셔야 한다고 말씀드리는 것입니다." 한 사람을 압박하려는 것이 아니다. 그에게 지도자가 되어보라고 권함으로써, 그가 자신의 삶을 어디에 투자할지 달리 생각해보게 하려는 것이다.

2) 장로가 되고픈 갈망이 없는 것이 영적으로 현 상태에 안주하거나 방향을 잘못 잡은 암시라고 생각해보셨나요?

이 질문에는 한 가지 전제가 깔려 있다. 장로의 직분을 갈망하는 것은 선하며, 자신이 그 직분에 합당한 자격을 갖췄는지 살펴보는 일은 그리스도인의 성숙에 보탬이 되는 좋은 자기평가라는 것이다. 목회적인 면에서 우리는 이런 비전을 교인들에게 심어주고 싶다. 누가 봐도 이런 갈망이 없는 교회라면, 보살피고, 가르치며, 바로잡아야 할 필요가 있는 것이다.

3) 왜 장로가 되길 원하시나요? 혹시 순수하지 못한 동기(교만, 권력욕 등)가 있다는 것을 알고 있나요?

이것은 확실히 장로의 직분을 생각하고 있는 사람들에게 해당되는 질문이다. 우리는 아무에게나 성급하게 안수하고 싶지 않다. 그러기에 경건한 야망과 순수하지 못한 동기를 구분해야 한다. 모든 동기가 다 완벽한 사람은 없다. 우리는 너나없이 자기 속에 거하는 죄와 씨름한다. 그러나 한 사람이 자신의 마음을 파헤치고 그 속에 묻힌 것을 찾아내도록 도우려면 적잖은 노력이 필요하다. 우리는 지금 섬김을 갈망하는 겸손한 사람을 보고 있는가? 아니면, 타인을 지배하려 들고 복종할 줄 모르는 교만한 사람을 보고 있는가? 그의 열심과 갈망은 어디서 왔는가? 섬기려는 마음에서 왔는가, 인정받으려는 마음에서 왔는가? "더러운 이득"을 탐하거나 자신이 "맡은 자들에게 주장하는 자세"를 취하려고 감독의 직분을 갈망하는 자들은 피해야 한다(벧전 5:2-3). 장로가 되어 양 떼에게 해를 끼친 다음이 아니라 그가 장로가 되기 **이전에** 그에게서 이런 태도를 찾아 낸다면, 양 떼는 엄청난 유익을 얻는다. 게다가 순수한 동기로 자유롭게 섬길 때, 자신감과 확신이 찾아온다(살전 2:3-6, 10).

4) 목자가 없다면, 교회와 양 떼에게 무슨 일이 일어날지 생각해보셨나요? 예수님이 목자 없는 양 떼에게 느끼신 심정을 당신도 똑같이 느끼나요?(마 9:36; 막 6:34)

자신이 은사도 있고 어느 정도 자격도 갖췄음을 알지만 지도자가 되길 꺼리는 사람들이 있다. 이들의 경우에는 자신에게서 눈을 돌려, 자신이 섬겨야 할 사람들을 보게 하면 도움이 된다. 당사자가 지도자 자리를 편하게 느끼는지도 고려해야겠지만, 양 떼가 영적으로 보살핌을 받느냐는 문제가 걸려 있음을 기억해야 한다.

5) 당신이 지도자 직분을 회피하는 것이 교인들에게 고귀한 직분과 영혼을 보살피는 일에 대해 무엇을 가르칠지 생각해보셨나요?

은사와 자격을 갖춘 사람들은 때로 그리스도의 몸인 교회의 눈에 이미 목자로 비치기도 한다. 그런데도 무슨 까닭인지, 공식적으로 장로가 되는 것은 피한다. 이런 경우, 그들이 깨닫도록 도와주어야 한다. 그렇게 회피하는 모습을 통해 회중에게 리더십에 관해 가르치고 있음을 깨닫게 도와줘야 한다. 이들은 자신도 모르게 회중에게 가르치는 셈이다. 그리스도의 몸이 보기에 더없이 영적이고 은사가 빼어난 사람들인데도, 지도자 직분이 부담스럽거나 불필요하다고 생각한다는 것이다. 사람들은 자신이 보이는 본을 통해 이것을 가르친다. 그러면서 지도자에 대한 회중의 기준과 기대치를 뜻하지 않게 낮추며, 결과적으로 자신과 미래 세대들이 받을 영적 보살핌의 질도 떨어뜨린다. 성경은 회중에게 이렇게 명령한다. "하나님의 말씀을 너희에게 일러주고 너희를 인도하던 자들을 생각하며 그들의 행실의 결말을 주의하여 보고 그들의 믿음을 본받으라"(히 13:7). 주님의 백성이 낮은 기준을 본받아 이토록 고귀한 직분을 회피하는 일이 없길 바란다.

▬ 결론

목사(강도권이 있는 장로)를 선택하는 일은 회중이 내리는 가장 중요한 결정이다. 목사는 자신의 가르침과 본으로 회중을 빚어가기 때문이다. 이러한 빚음의 영향을 고려해 주님은 우리에게 이렇게 명하신다. "하나님의 양 무리를 치되… 하나님의 뜻을 따라 자원함으로…

기꺼이(eagerly) 하며… 양 무리의 본이 되는" 자들을 찾으라(벧전 5:2-3). 그리스도인들을 훈련시켜 섬김의 자리에 세운 충성스러운 목사 윌리엄 스틸은 이렇게 말했다. "나는 장로를 만들면서(많은 사람이 내 손을 거쳤으나 내가 제대로 장로를 '만든' 사람은 너무나 적다) 그들이 하나님의 사람이 되는 데 온 관심을 집중한다. 그들이 하나님의 사람이 되면, 목회는 저절로 된다. 우리는 여전히 그래야 한다. 하나님의 사람은 이를 위해 지음 받았다."[15]

"주님, 우리가 이 고귀한 직분을 갈망하는 믿을 만한 사람들을 구할 때, 우리에게 분별력과 인내심과 밝은 눈을 주십시오."

9

안팎으로 청렴하여
그리스도를 닮은 사람

"…사람이 감독의 직분을 얻으려 함은 선한 일을 사모하는 것이라 함이로다 그
러므로 감독은 책망할 것이 없으며…" 디모데전서 3:1-2

장로의 직분은 고귀하다. 그러기에 거기에 합당한 고귀한 성품을
요구한다. 그러므로 교회는 안팎으로 청렴하고 그리스도를 닮은 사
람들을 구해야 한다.

바울은 "책망할 것이 없음"을 장로가 반드시 갖춰야 할 둘째 자
격으로 제시한다. "책망할 것이 없음"은 뒤따르는 모든 자격 요건
의 우산 역할을 한다. 장로 후보자는 외적 행동에 흠이 없고, 사람
들을 대할 때 바르고 공정해야 한다.

책망할 것이 없다는 말은, 장로가 비행이나 부도덕한 혐의가 없
는 사람이어야 한다는 뜻이다. 장로가 비행을 저지르거나 부도덕한

짓을 했다는 얘기를 들으면 충격을 받을 것이다. 그렇다고 책망할 것이 없다는 말이 죄가 없고 완전하다는 뜻은 **아니다**. 책망할 것이 없다는 말은 그간의 처신과 행동으로 사람들에게 존경과 칭송을 받는다는 뜻이다. 이런 사람은 하나님의 부르심에 합당하게 산다(엡 4:1; 5:1-2; 빌 1:27; 골 1:10-12).

━ 책망할 것이 없어야 한다

장로는 책망할 것이 없는 사람이어야 한다. 이것은 적어도 두 가지 이유에서 매우 중요하다. 첫째, 어떤 사람이 장로가 되면, 모든 사람은 그에 관해 적어도 두 가지를 추정한다. 먼저 그 사람은 삶의 모든 영역에서 모든 양 떼의 본보기다(딤전 4:12; 벧전 5:1-3). 또한 그 사람은 입증되지 않은 비행 혐의에 대해 무죄 추정의 원칙을 적용받는다(딤전 5:19). 성품이 선하지 못한 사람이 나쁜 본보기를 보이는데도 자신의 직분 덕에 관대한 판단을 받아 이를 방패막이로 이용한다면, 교회에 이보다 해로운 일도 드물다.

둘째, 장로는 자신의 재물이나 인기를 비롯한 세상 것들이 아닌 자신의 성품 때문에 높이 평가되어야 하므로 책망할 것이 없어야 한다. 우리는 어떤 사람이 사업에 성공했거나, 집안 대대로 그 교회에 다녔거나, 인기가 높고 평판이 좋다는 이유로 그를 장로로 세우고 싶은 유혹을 받기도 한다. 그러나 사도 바울은 이 가운데 어느 하나에도 관심이 없다. 그는 직분에 어울리는 훌륭한 성품에 관심이 있다. 어떤 사람이 세상적인 의미에서 인기가 있으나 책망할 것이 있다면, 그는 성품이 아니라 인기를 토대로 삼는 지도자가 되기 십상이다. 이런 사람은 하나님보다 사람을 더 두려워하거나(이것은 장로에게 큰 유혹이다), 자신의 사업체인 양 교회를 운영하려 들거나, 자신이 공동체에서 차지하는 위치를 등에 업고 이런저런 '권리'를 행사하려 들 것이다. 이런 태도로는 장로의 직분을 제대로 감당하지 못한다.

모든 그리스도인은 책망할 것이 없어야 한다. 특별히 장로는 **반드시** 그러해야 한다. 이런 사람들을 어떻게 찾을 수 있을까?

▬ 무엇을 살펴야 할까?

1) 교회 안에서 맡은 일에 충성하는 사람들을 주목하라.

예를 들면, 정기적으로 희생을 감당하며 헌금하는지 살펴보라. 자신에게 해가 되더라도 맹세를 저버리지 않고, 누구도 자신이 신의를 저버렸다는 비난을 하지 않는데도 약속을 지키는지 살피라.

2) 다른 사람들에게 존경받는 사람들을 주목하라.

이들은 다른 사람들에게 올곧은 마음을 불어넣는다. 이들이 곁에 있다는 사실만으로도 사람들이 바로 서고 더 큰 열심을 낸다. 사람들은 이런 사람을 윤리적으로 깨끗해야 하는 자리에 추천한다. 이런 사람이라면 바른 일을 하리라고 확신하기 때문이다.

3) 교회 밖에서 깨끗하게 사는 사람들을 주목하라.

이들은 시간을 어기지 않고 일한다. 한 가지 일을 꾸준히 하며, 일을 빼어나게 잘한다고 소문이 나 있다. 이들은 돈을 잘 관리하고, 빚을 제때 갚으며, 규모에 맞게 생활한다. 이들은 의무를 소홀히 하지 않는다.

━ 질문과 관찰

교회 지도자들이나 회중이 "책망할 것이 없는" 한 사람을 마음에 두고 있다면, 그에게 몇 가지 질문을 해볼 수 있다.

1) 당신의 삶을 들여다볼 때, 장로로 섬길 자격이 없다고 느끼게 하는 부분이 있나요?

이 질문은 범위가 매우 넓다. 그렇더라도, 이런 질문으로 시작하는 것이 좋다. 이런 질문을 하면, 장로 후보자가 자신을 어떻게 평가하는지 듣게 되고, 후보자의 청렴함(integrity)에 대해서도 더 알 수 있다. 디모데전서 3장에서는 구체적으로 다루지 않았으나 장로 후보자를 괴롭히거나 그로 자격 없게 만드는 문제가 있을 수 있다. 이런 질문을 통해, 후보자는 자신의 양심을 괴롭히는 문제를 꺼낼 기회를 얻는다. 그러면 지도자와 회중은 후보자가 어려운 문제를 이겨내도록 인도하고, 장로에게 기대되는 보살핌과 책임감의 본을 보일 기회를 얻는다.

2) 당신이 교회 장로가 된다고 하면, 직장 동료나 가족이 놀랄까요?

이 질문으로, 교회 밖 사람들 사이에서 장로 후보자의 평판이 좋은지 안 좋은지 살필 수 있다. 이 질문은 사람들 사이에서 얻는 자신의 평판에 대해 후보자가 알고 있는 (불완전한) 지식에 기초한다. 교회 지도자들이 후보자의 동업자나 직장 동료에게 이 질문을 해서 대답을 수집해도 좋다.

3) 당신이 교회 지도자가 되면 안 된다고 할 사람들이 있을까요? 있다면, 그들이 왜 그렇게 말할까요?

장로는 교회 안팎에서 평판이 좋아야 한다. 사람들이 장로 후보자를 아주 안 좋게 말하거나 심하게 비판한다면, (1) 그러한 논란의 성격을 살피고, (2) 그가 지금껏 그 문제를 어떻게(경건하게 또는 그렇지 못하게) 다뤘는지 살피며, (3) 사람들의 견해로 보건대 그에게 자격이 있는지 없는지 살피는 것이 좋다.

▬ 결론

장로 직분은 고귀하다. 그러기에 거기에 걸맞은 깨끗한 사람이 장로가 되어야 한다. 우리 시대에는 그리스도인은 물론 사람들 대부분이 다른 사람을 판단하길 꺼린다. 이런 시대에, 교회는 한 사람의 성품이 성숙하고 책망할 것이 없는지 차근차근 꼼꼼하게 살펴야 한다. 이것이 교회가 믿을 만한 사람들을 찾을 때 가장 힘든 일에 속하더라도 그리해야 한다. 주님의 신부가 건강하고 깨끗하려면 이렇게 해야 한다.

교회가 건강하려면, 이처럼 깨끗한 사람들을 교회 지도자로 세우는 것이 필수다.

10

성적으로 깨끗한 사람

"…감독은 책망할 것이 없으며 한 아내의 남편이 되며…" 디모데전서 3:2

바울은 갈망을 첫자리에 둔다. 이어서 "책망할 것이 없으며"라는 포괄적 조건을 제시한다. 그렇다면 주님의 교회를 인도하는 사람은 어떠해야 하는가?

━ 한 여자의 남자란?

사도 바울은 장로는 "한 아내의 남편"이어야 한다고 말한다. 문자적으로 '한 여자의 남자'(one-woman man)라는 뜻이다. 이것이 무엇을 말하는지를 놓고 몇 가지 견해가 있다.

바울이 말하는 '한 여자의 남자'란 무슨 뜻인가? 이를 두고, 일부
다처제에 초점을 맞춘 좁은 정의부터 도덕적·성적 정결에 초점을
맞춘 넓은 정의까지 견해가 다양하다. 장 칼뱅은 좀 더 좁은 견해를
취하면서, 크리소스토무스처럼 바울이 "일부다처제를 분명하게 정
죄한다"라고 단언했다. 칼뱅은 "바울이 감독직을 맡는 모든 사람에
게 일부다처제를 금하는데, 일부다처제는 정숙하지 못한 남자의 표
식, 부부간의 정절을 지키지 않는 남자의 표식이기 때문이다"라고
주장한다.[16] D. A. 카슨도 이런 입장을 취한다.[17]

존 맥아더는 좀 더 넓은 해석을 취하면서, '한 여자의 남자'라는
말은 결혼 상태와는 무관하며 도덕적·성적 정결을 가리킨다고 이
해한다. "이것이 자격 요건의 첫머리에 등장하는 까닭은, 지도자들
이 이 부분에서 가장 쉽게 넘어지기 때문이다." 존 맥아더는 이 표
현을 일부다처제 논쟁과 연결하지 않으며, 일부다처제는 "로마 사
회에서 일반적이지 않았고 성경도 분명하게 금한다"라고 말한다.[18]

필 라이큰은 디모데전서를 본문으로 택하여 탁월한 연속 설교를
하면서 맥아더와 비슷한 넓은 견해를 취한다.

> 장로가 책망할 것이 없으려면, '한 아내의 남편'이어야 합니다. 그렇
> 다고 독신자는 장로가 되지 못한다는 뜻은 아닙니다. 일반적으로, 장
> 로는 결혼을 합니다. 하나님은 이들이 남편과 아버지로서 감당해야
> 하는 소명을 활용해 이들의 삶을 상당 부분 거룩하게 하시고, 이로써
> 이들이 교회에서 장로로 섬길 수 있게 준비하십니다. 그러나 기억하

십시오. 바울은 독신이었습니다. 바울은 하나님 나라에서 더 크게 섬길 기회가 된다면, 독신으로 지내라고 권했습니다(고전 7:17; 9:5). 어떤 사람들은 이 표현이 '단 한 번 결혼했다'는 뜻이라고 합니다. 이렇게 되면, 이혼한 사람들뿐 아니라 재혼한 사람들까지도 자격이 없습니다. 그러나 바울이 이런 뜻으로 말하는 거라면, 더욱 분명하게 말했을 것입니다.

이 표현의 핵심은 좀 더 일반적일 것입니다. 장로는 성생활에서 도덕적으로 책임감이 있어야 한다는 뜻일 것입니다. 당시의 그리스인들과 로마인들은 만연한 성적인 죄를 일반적으로 용인했습니다. 빈번한 이혼, 성행하던 간음, 걷잡을 수 없는 동성애 때문에 결혼 생활의 기반이 흔들렸습니다. 데모스테네스의 말은 이 문제가 얼마나 만연했는지 보여줍니다. "우리는 쾌락을 위해 창녀를 두고, 일상적인 욕구를 위해 첩을 두며, 합법적인 자녀를 낳기 위해 아내를 둔다."[19]

주석가들은 '한 여자의 남자'라는 표현의 정확한 의미를 두고 서로 다른 해석을 내놓는다. 그렇더라도, 모든 주석가가 동의하는 점이 있다. 성적 정결이 장로 직분의 전제 조건이라는 것이다. 실제로 교회에서 성적 정결은, 그리스도인의 증언에서 중요한 변증과 전도의 역할을 한다(예를 들면, 엡 4:17-24; 5:3-14을 보라). 그러므로 교회 지도자들은 이 부분에서 장로 후보자의 삶을 점검해야 한다.

그렇다면 교인들 가운데 성적으로 깨끗한, '한 여자의 남자'를 어떻게 찾을 수 있을까? 다음에 제시한 몇 가지 질문과 관찰은 먼저 독신자들에게, 다음으로 기혼자들에게 적용된다.

독신자들에 관한 질문과 관찰

1) 장로 후보자가 크리스천 여성들과 어떻게 교제하는가?

후보자가 여러 여자와 사귄다면, 크리스천 자매들의 마음을 알지 못할뿐더러 소홀히 대하기 십상이다. 후보자가 한 여자의 마음을 두고 장난을 친다면, 이 부분에서 훈련을 받아야 할 테고, 양 떼에게 적절한 본이 되지 못한다. 후보자가 믿음의 자매들을 "온전히 깨끗함으로" 대하는지 살펴보라(딤전 5:2).

2) 장로 후보자가 무엇을 즐기는가? 성적으로 노골적인 자료나 음란물을 보는가?

후보자가 이런 문제와 싸우고 있다면, 장로로 세우지 않는 것이 최선이다. 장로는 스스로 본이 되어 젊은이들에게 절제를 가르쳐야 한다(딛 2:6). 따라서 성적으로 깨끗하지 못한 생활은 장로 직분과 어울리지 않는다.

3) 장로 후보자가 어떻게 정욕과 싸우는가? 자신의 눈을 도려내고 손을 자르는가?(마 5:27-30)

성적 부도덕과 벌이는 전투는 남자의 마음과 갈망의 수준에서 이뤄져야 한다. 장로는 그리스도인들처럼 자신의 죄와 맞서 싸워야 한다. 장로는 육신과 세상과 마귀가 자신의 정욕에 불을 지를 기회를 철저히 차단해야 한다는 뜻이다. 대신에 장로는 그리스도와 그분의 일을 향한 더 깊은 갈망을 품어야 한다. 이 부분에서 위장막을

친 채 자신의 정욕과 불장난을 하거나 자신의 정욕을 애지중지하는 독신 남성이라면, 자신은 물론이고 다른 사람들까지 위험에 빠뜨리게 된다. 장로는 자신에게 주어진 책임을 받아들이고 그분의 일을 갈망해야 한다.

앞의 질문들을 수정해야 할지도 모르지만 이 모든 질문은 기혼자에게도 적용된다. 독신 남성의 경우, 그가 한 여자의 남자인지 알아보려면, 결혼 여부보다 애정이 움직이는 궤도를 돌아봐야 한다. 그의 행동이 깨끗함을 지향하는가, 피해야 할 미성숙을 드러내지는 않는가?

기혼자와 관련해 생각해봐야 할 질문이 몇 개 더 있다.

━ 기혼자들에 관한 질문과 관찰

1) 장로 후보자가 아내에게 정절을 지키는가? 감정적으로, 육체적으로 아내에게 충실한가?

부정한 관계를 맺어 결혼 서약을 어긴 적이 있는지 후보자에게 직접 물어야 한다. 육체적 행위는 아니더라도, 감정적으로 누군가와 얽힌 적이 있어 장로 후보자로서 자격이 없지는 않은가? 이런 대화를 후보자 아내와도 나누는 게 지혜롭겠다. 아내라면 그가 보지 못하는 부분을 볼 수 있을 터이기 때문이다. 일반적으로, 교회 지도자는 남편이 장로의 자격을 갖췄다고 믿는지 아내에게 확인해야 한다. 다음 질문들은 한 사람을 장로로 세운 후가 아니라 세우기

전에 물어야 하는 것들이다. 결혼 생활에 이미 틈이 있다면, 장로의
직분과 요구 조건은 그 틈을 더 넓힐 뿐이다.

2) 장로 후보자가 여성도를 대할 때나 그들과 일할 때 책임을 다하고 투명하
게 일하는가?

예를 들면, 여자들과의 관계에서 (함께 여행을 하거나 단둘이 만나는 등)
의심을 살 만하거나 유혹에 빠질 만한 상황을 신중하게 피하는지
살펴야 한다. 여자들과 함께 일하는 장로는 여성 동역자들에게 신
뢰받는 사람이어야 한다. 여자를 친밀하게 상담해주어서가 아니라,
유혹으로부터 안전거리를 유지하고 친밀한 접촉을 적절히 피함으
로써 신뢰받는 사람이어야 한다.

3) 장로 후보자가 가정을 중심으로 삼고 결혼 생활에 충실한가?

하나님의 계획에 따라, 한 남자와 한 여자의 결혼 생활이 가정의
중심이어야 한다(창 2:24). 남자와 여자가 부모를 떠나 한 몸이 된다.
한 여자의 남자라는 말은 다른 사람들이나 다른 것들(이를테면 자녀들
과 일) 때문에 결혼 생활이 가정의 중심에서 밀려나지 않도록 가정
의 분위기를 유지한다는 뜻이기도 하다. 장로는 가정에서 아내를
다른 소중한 사람들보다 더 높여야 하며, 아내에게 먼저 애정을 쏟
아야 한다.

4) 장로 후보자가 남녀의 역할에 관한 성경의 가르침을 기쁘게 받아들이는가?

장로 후보자가 남자와 여자는 동등하다고 믿는 동시에 하나님이

가정과 교회 사역에서 남자와 여자에게 맡기신 역할이 뚜렷이 다르다고 보는가? 장로는 삶을 향한 하나님의 모든 가르침을 기쁘게 받아들이는 법을 교회에 가르쳐야 한다. 장로 후보자가 이 문제와 관련된 하나님의 말씀을 회피하거나 포기한다면, 성경의 권위를 부정하고 예수 그리스도의 복음을 모호하게 하는 셈이다(엡 5:22-32). 남녀의 역할과 관련해, 많은 남자들이 이러한 민감한 주제를 피해야 한다는 압박감을 느낀다. 그러나 이런 민감한 주제를 피한다면, 필연적으로 사람의 지혜로 하나님의 지혜를 대신하게 되고, 하나님이 남자와 여자에게 어떻게 복을 주시는지 알지 못하게 된다.[20]

━ 결론

사회 전반적으로 이혼율이 깜짝 놀랄 정도로 높고, 결혼 생활이 시도 때도 없이 공격을 받는다. 이러한 때에 한 여자의 남자만을 장로로 세운다는 것은, 교회들이 하나님이 세우시고 복음이 중심이 되는 높은 대안을 세상을 향해 견지한다는 뜻이다. 세상이 성적 부도덕과 상대 윤리로 곤두박질치고 있을 때, 교회는 남녀 사이의 거룩하고 선하며 건강한 성적 친밀감을 누리는 생활 방식의 기준을 견지해야 한다. 장로는 문화를 거스르는 이러한 대안의 선두에 서야 한다. 그러므로 이 부분에서 충실한 사람을 택하려면, 모두에게 선을 끼치도록 인내하고 기도하면서 분별력을 발휘해야 한다.

11

마음가짐과 행동을
다스리는 사람

"감독은 정신이 맑고, 절제하며, 존경받을 만해야 한다." **디모데전서 3:2(ESV)**

나는 쇼핑몰을 그다지 좋아하지 않는다. 전형적인 남자이지 싶다. 나는 찾는 물건이 있을 법한 가게 한 곳에(기껏해야 세 곳에) 부리나케 들어가 물건을 사 들고는 가장 가까운 출구로 잽싸게 돌진함으로써 끔찍한 상황에서 최대한 신속하게 탈출한다.

'허망시장'은 아주 위험한 곳이다. 쇼핑몰에 관해 묘사할 수 있는 모든 말 가운데서 이것은 틀림없는 사실이다. 쇼핑몰은 맑은 정신과 절제를 촉진하기 위해 존재하는 것이 아니다. 광고, 전시, 견본, 음악. 모든 체험이 가장 무절제하고 거리낌 없이 지갑을 열게 하는 데 목적이 있다.

성경은 쇼핑몰의 물질주의 유혹에 맞서, 그 유혹을 뛰어넘어 그리스도인들에게 촉구한다. 정신을 맑게 하고, 절제하며, 선한 청지기가 되고, 육신을 정복하라고 말이다. 놀랄 일도 아니지만, 사도 바울은 교회 지도자, 곧 장로나 목사가 차분하고 절제해야 한다고 주장한다.

"차분하다"(temperate, NIV), "정신이 맑다"(sober-minded, ESV), "조금도 방심하지 않는다"(vigilant, KJV)로 번역된 '네팔리오스'(nephalios)는 깨어 지켜보거나 신중하게 살핀다는 뜻을 내포한다. 차분한 사람들은 열정이나 정욕이나 감정에 과도하게 휘둘리지 않는다. 주님이 자신의 부목자들에게, 정신 바짝 차리고 각자의 갈망과 감정과 태도를 살피라고 요구하신다. 차분한 사람은 자신의 자유에 경계를 정한다. 술이나 권력이나 정욕을 비롯해 아무것에도 취하지 않는다. 모든 상황이 식은 죽 먹듯이 자기 마음대로 되지는 않는다는 것을 안다.

그래서 그다음 자격 요건이 필요하다. 절제다. 절제한다는 말과 정신이 맑다는 말은 밀접하게 연결되며, 일반적으로 같은 것을 지향한다. 다시 말해, 장로는 스스로 굴레를 쓰는 사람이어야 한다. 장로는 (감정을 비롯해) 자신의 내적 상태와 외적 행동을 다스려야 한다. 장로는 행동이 품위 있어야 한다. 장로는 경솔하거나 생각 없이 행동해서는 안 되고, 센스 있고 신중하며 지혜로워야 한다. 어리석게 행동하는 자들은 주님의 교회를 이끌 지도자로 적합하지 않다. 알렉산더 스트라우치의 말이 옳다. "고삐 풀린 분노는 인정하기 싫을 만큼 교회에 큰 해를 끼쳤다."[21]

맑은 정신(soberness)과 절제가 다스리는 곳이라면 존경받을 만한 사람이 있을 것이다. 그는 경건하고 질서 있게 산다. 하나님의 양 떼를 치려는 사람들에게는 이런 자격 요건이 필수다.

━ 질문과 관찰

1) 장로 후보자가 자신처럼 살라고 가르치는가?

이는 장로의 본질적 소명이다(딛 2:2). 장로는 사람들에게 맑은 정신에서 나오는 절제되고 존경받을 법한 행동을 독려해야 한다. 사람들이 장로 후보자의 조언과 본보기에서 중용(moderation)을 배우는가?

2) 장로 후보자가 유행의 첨단을 걷는가? 유행을 사랑하고 새것이라면 꼼짝 못하는가?

유행의 첨단을 걷는 사람은 새로움을 강조한다. 그래서인지 당연히 외부의 것에 지배를 받는다. 늘 변화에 굶주리고 '또 다른 멋진 아이디어'를 찾아 헤맨다. 그는 교인들 가운데서 가장 냉정한 사람들과 '친하게' 지낼는지 모른다. 그러나 그가 이렇게 행동하는 근본 까닭은, 맑은 정신과 깨어 있음과 절제에 반하는 일종의 불안 때문이다.

그의 옷맵시나 그 외의 (자동차 등) 구매 형태에서 이것을 볼 수 있다. 겉모양에 대해 내숭을 떨고 싶지는 않다. 그러나 겉으로 유행을 좇는다면, 더 중요한 생각의 세계에서도 유행을 좇는다는 조기 경고일 **수도 있다.** 장로 후보자가 교회와 교회 운영과 관련해 늘 유행을 좇는가? 신선한 신학 사상에 끌리는가? 교회는 유행의 첨단을 좇다가 안쪽부터 무너졌다. 따라서 이런 일은 피해야 한다. 그 대신에 유행과 건강하지 못한 시대 조류를 따르길 우직하게 거부하는 사람들, 자신과 세상과 하나님에 대해 튼실하고 성경적인 시각을 일관되게 취하는 사람들을 찾아야 한다. 우리는 파리의 최첨단 유행 패션이 아니라 고전적이고 늘상 입는 옷을 찾고 있다.

3) 장로 후보자의 욕구가 균형을 이루는가? 음식, 술, 분노 등에서 지나친 부분은 없는가?

후보자는 자신을 삼가고, 모든 일에 절제하며 만족하는가? 술이나 마약이나 섹스를 비롯해 이런저런 것에 중독된 사람은 장로 직분에 합당하지 않다.

4) 다양한 상황에서 어떻게 행동하고 반응하는지 주목해야 한다.

일이 술술 잘 풀릴 때, 후보자는 어떻게 행동하는가? 절제하고, 주님을 찬양하는가? 자신의 번영을 남용하거나 오용하지는 않는가? 상황이 돌변해 힘들어질 때, 후보자는 어떻게 처신하고 행동하는가? 고난을 차분히 헤쳐나가는가? 역경 가운데 인내하는가? 두려움이나 울분에 사로잡히거나 겁을 먹지는 않는가? 불평하는 사람이라면, 이런저런 갈망이 균형을 이루지 못하는 사람일 테고, 일이 자기 방식대로 진행되거나 최소한 지금과는 다르게 진행되어야 한다고 생각할 것이다.

5) 사람들이 장로 후보자의 삶을 보면서 그를 존경하는가?

장로 후보자를 대적하는 이들이 그를 정죄하지 못하고, 그의 삶과 증언 앞에서 부끄러움을 당하는가?(딛 2:7-8)

결론

사람들이 교회 안팎에서 늘 교회와 교회 사역을 지켜본다. 교회의 대적들이 교회를 정죄하고 비방할 기회를 호시탐탐 노린다. 교회 지도자들이 행동에서 존경받고 견실한 판단력을 가진 사람이라면, 교회가 이런 공격을 견뎌내는 데 큰 도움이 된다.

12

그리스도의 사랑을
실천하는 사람

"…감독은… 나그네를 대접하며" 디모데전서 3:2

어느 주일 아침, 우리 가족은 워싱턴 D.C.에 자리한 캐피톨힐 침례교회를 처음 찾아가 예배당 중층에 앉았다. 바로 뒤에 아름다운 가정이 앉아 있었다. 내가 그 가정을 주목한 까닭은 그 집 아이들이 눈과 귀를 쫑긋 세우고 예배에 집중했기 때문이다. 그다음으로, 그들이 부르는 아름답고 힘 있는 찬양이 귀에 들어왔다. 그러나 그들이 정말로 내 주의를 사로잡은 일은 따로 있었다. 그들은 예배가 끝나자 곧바로 따뜻이 인사를 건넸다. 그 가정의 가장은 나를 데려다가 남자 성도들에게 일일이 소개했다. 그뿐만이 아니었다. 15분 남짓 후에는 점심을, 그것도 당장 함께 하자며 우리 가족을 집으로 초대했다.

솔직히 나는 이런 경험에 정신이 약간 멍했다. 무엇보다도, 그의 이름이 짐이었는데, 그가 소개한 첫 세 남자도 모두 짐이었다. 이런 생각이 들었다. '이상해! 도대체 어떻게 된 교회지? 나도 이름을 바꿔야 하나?' 느닷없는 점심 초대는 이를테면 케이오 펀치였다. 빨라도 너무 빨랐다. 나는 남부에서 자랐다. 그래서 이런 느닷없는 초대가 무례하게 느껴질 수도 있었다.

남부 방식으로 최대한 정중하게 거절했다. "초대해주셔서 참 감사합니다. 그런데 다음에 하면 어떻겠습니까?" 남부 출신이라면, 이런 표현이 거절을 뜻한다는 것을 안다. 남부 출신이라면, 이런 식으로 "아뇨"라고 말해야 한다는 것을 안다. 대놓고 "아뇨"라고 말하는 자체가 무례하기 때문이다. 남부 출신은 예의 빼면 시체다.

친절하지만 성급한 점심 초대에 이런 식으로 분명하게 "아뇨"라고 답했다. 당신이라도 그렇게 알아듣지 않겠는가? 바로 다음 주, 괴상한 교회를 다시 찾았을 때, 그는 또다시 점심을 함께 먹자고 했다. 나는 노스캐롤라이나 출신이다. 그는 뉴저지 출신이다. 둘 사이에 소통이 제대로 이뤄지지 않았다. 그는 남부 방식을 이해하지 못했다. 그러나 워싱턴 D.C.는 '메이슨-딕슨 라인'(Mason-Dixon Line, 메릴랜드 주와 펜실베이니아 주의 경계선으로, 미국 남부와 북부, 과거 노예제도 찬성 주와 반대 주의 경계이기도 하다—옮긴이주)과 아주 가까웠다. 그래서 우리가 어느 '로마'에 있으며, 무엇을 해야 하는지 분명하게 오금을 박기 어려웠다.

그러나 내가 틀렸고, 짐이 옳았다. 그가 더 경건한 사람이었다. 그는 내가 만난 그 누구보다 손대접(hospitality, 환대)을 잘했으며, 지금도 손대접을 나보다 잘한다. 그는 손대접을 잘하는 사람이 그리스도의 교회를 이끌어야 한다는 바울의 주장을 구현했다. 마땅하게도 그는 교회 장로였다.

━ 왜 그리스도인들이 손대접을 귀하게 여겨야 하는가?

첫째, 손대접은 사랑을 보이게 표현한다. 하나님은 그리스도인들에게 서로 사랑하라고(요 13:34-35), 원수까지 사랑하라고 명하신다(마 5:43-47). 손대접은 이런 사랑의 구체적 형태다. 장로는 손대접에서 본을 보여야 한다.

둘째, 손대접은 나그네에 대한 보살핌을 보이게 표현한다. 우리가 문간의 나그네들을 보살피는지 어떻게 아는가?(레 19:33-34) 방법이 있다. 우리가 그들에게 얼마나 가까이 다가가고, 그들이 우리에게 얼마나 가까이 다가오도록 하는지 보면 된다. 손대접을 통해, 우리와 그들은 의미 있는 방식으로 가까워진다. 손대접을 통해, 관계가 친밀해지고 '낯선' 사람들에게 그리스도의 사랑이 전해진다.

셋째, 손대접은 전도를 가능하게 한다. 수많은 그리스도인들이 비그리스도인 친구들이 거의 없어 복음을 전할 기회가 요원하다. 어쩌면 우리가 손대접을 제대로 못하기 때문이다. 우리가 인사조차 건네지 못하는 사람, 우리가 함께 시간을 보내길 거절하는 사람에게 복음을 전하기란 불가능하다. 손대접이 상당 수준에 이르지 못한다면, 복음을 나누기란 매우 어렵다.

넷째, 손대접은 제자훈련과 교제를 가능하게 한다. 초대 교회는 함께 떡을 떼며 교제하는 데 집중했다(행 2:42-47). 초대 교회 신자들에게 이러한 손대접은 사도들의 가르침에 집중하는 것만큼이나 중요했다.

그러므로 손대접과 본을 보이는 일은 그리스도인의 삶에서 필수다(롬 12:13). 어느 저자가 말했듯이, "그리스도인의 사랑에서 손대접보다 특징적인 것도 없다. 손대접 사역을 통해, 우리는 자신이 가장 귀하게 여기는 것을 나눈다. 가족, 가정, 재물, 음식, 사생활, 시간을 나눈다. 달리 말하면, 우리 자신의 삶을 나눈다."[22] 교회는 이 특별한 사랑의 행위에 헌신된 사람들로 넘쳐나야 한다(벧전 4:8-9). 교회 지도자들은 모두에게 손대접의 본을 보여야 한다.

손대접을 잘하는 사람들을 어떻게 찾을까? 이 자격 요건을 어떻게 가늠해야 할까?

— 질문과 관찰

1) 교회에서 누구에게나 인사를 건네는 사람들을 주목하라.

장로 후보자가 꿰다놓은 보릿자루인가, 친절맨인가? 이것은 성격이 쾌활하냐는 뜻이 아니다. 그러나 교회에서 시간을 보내는 사람들, 일찍 오는 사람들, 방문객들과 성도들에게 똑같이 인사를 건네는 사람들을 주목해야 한다. 이렇게 인사하고 반기는 행동은 손대접에 필수다. 타고난 성향을 거슬러 이렇게 하는 사람이 있다면,

그 사람을 특히 더 주목하라. 이것은 복음의 은혜가 그에게서 역사한다는 표시다. 교회는 적극적인 사랑의 행위를 높이 평가함으로써 은둔과 사생활을 중시하는 인간의 본성에 저항해야 한다.

2) 도움이 필요한 사람들을 돕는 이들을 주목하라.

손대접을 베푸는 이들은 도움의 손길을 자주 내민다. 누가 노인들이 교회에 나오도록 돕는가? 이들은 교인들이나 방문자들을 기꺼이 태워주는가? 이들은 방문자들을 교육관이나 어린이 부서까지 친절하게 안내하는가? 손대접은 도움이 필요한 사람들을 섬긴다는 뜻이다.

3) 자신의 집을 사람들에게 개방하는가?

이것은 손대접의 가장 분명한 형태다. 자신의 집을 사역지로 삼는 사람들을 찾아보라. 이들은 자신의 집을 소그룹 성경공부 장소로 개방한다. 이들은 가장 먼저 자원해 선교사를 집에 들이거나 방문 설교자를 위해 식사를 준비한다. 이들은 자주 사람들을 식사에 초대한다. 내 친구 짐(첫째 짐)처럼 말이다. 활발하게 손대접을 하는 사람들은 보석들이다. 이들은 손대접을 통해 양 떼를 친밀하게 알고 보살필 기회를 얻는다.

4) 손대접은 가정에서만 이뤄지는 게 아니다.

손대접을 잘하는 사람은 다양한 시간과 장소를 활용해 대접한다. 이를테면, 직장에서 점심시간을 활용한다. 따라서 우리는 이렇게 물어야 한다. 후보자가 점심시간을 어떻게 활용하는가? 복음을 전할 기회를 바라며 점심시간을 활용해 비그리스도인 동료들과의 관계를 돈독히 하는가? 후보자가 교회에서 정기적으로 다른 사람들과 만나 교제하고 책임감을 길러주며 제자로 양육하는가?

5) 손대접하라는 초대를 받아들이는가?

사랑받고 보살핌을 받기만 하다 보면 왠지 모르게 불편한 느낌이 자주 든다. 장로는 사랑하기와 사랑받기 둘 다에서 본을 보여야 한다. 장로는 교회 내에서 (젊은이, 늙은이, 부유한 자, 가난한 자, 피부색과 인종이 다른 사람들 등) 다양한 부류의 사람들과 시간을 함께 보내는 것이 특히 중요하다. 많은 사람들이 자신은 강하며 사람들의 보살핌이나 관심이 전혀 필요 없다고 느끼고 싶어 한다. 그러나 손대접을 잘하는 사람은 다른 사람들의 손대접을 진정으로 감사하고 최대한 자신을 의식하지 않은 채 받아들임으로써 그들을 높인다.

▬ 결론

짐과 그 가족이 워싱턴 D.C.를 떠나기 전 마지막 저녁 예배 시간에, 목사님은 짐의 집에 초대받아 점심이나 저녁을 먹은 적이 있는 사람은 모두 일어나보라고 하셨다. 그날 밤, 350~400명이 자리에서 일어섰다. 그 자리에 있던 사람들 가운데 90퍼센트가량이 일어나 짐의 가족이 베푼 손대접을 주제로 하나님을 찬양했다. 짐의 집과 그 가족의 삶은 교회의 사역과 보살핌이 아주 실제적으로 연장되는 자리가 되었다. 이들은 매 주일 저녁, 사람들을 평범한 저녁 식탁에 초대함으로써 엄청난 열매를 맺었다.

부담스럽게 들리는가? 그렇다면 한 가지 사실을 덧붙여야겠다. 짐 부부는 자녀가 여섯에다 조카와 조카딸까지 친자식처럼 키우고 있었고, 집에서 교회까지 45분이나 걸렸다. 짐은 슈퍼맨이 아니었다. 그러나 그와 그 가족이 보여준 손대접의 본을 보면, 이따금 그가 슈퍼맨처럼 보였다. 그가 행한 일은 나에게 편안함을 버리고 그리스도의 사랑으로 더 많은 울타리를 넘으라고 도전한다. 짐 같은 사람들이 많아지길 기도한다.

13

상황에 맞게 여러 방식으로
가르칠 수 있는 사람

———

"···감독은··· 가르치기를 잘하며" 디모데전서 3:2

———

신약성경에서 가르치는 행위가 얼마나 중요하게 나타나는지 눈여겨본 적이 있는가? 목사는 가르치는 일을 늘 중요하게 여긴다. 가르치는 일은 목사의 직업과 깊은 관련이 있기 때문이다. 그러나 주목할 만한 사실이 있다. 신약성경을 보면, 가르침이 모든 그리스도인의 삶에서 필수적으로 보인다는 것이다.

우리는 자신을 '제자'(disciple)라 부르며 영적 '훈련'(discipline)을 하는데, 제자와 훈련이란 단어는 그 뿌리가 가르치기 및 배우기와 연결된다. 그러므로 가르치기는 복음을 선포하고 제자를 삼는 일에서 중심을 이룬다. "···내가 너희에게 분부한 모든 것을 가르쳐 지키게 하라"(마 28:19-20). 가르치는 일은 젊은 세대를 훈련하는 데 꼭 필요하다(딛 2:2-6). 가르치는 일은 사람들이 기도하는 법을 배우는 데 꼭 필요하다(눅 11:1). 가르치는 일은 실제로 그리스도인의 성숙에서 중심에 자리한다(엡 4:11-16). 성경은 노래하는 것까지 가르치기와 연결하기도 한다. 우리는 노래할 때, 노래로 서로에게 말하고 서로를 가르치기 때문이다(엡 5:19; 골 3:16).

이뿐만이 아니다. 가르치기와 가르치기의 필수성은 신약성경 곳곳에 나타난다. 구약성경에서도, 하나님의 말씀을 가르치는 일은 하나님 백성의 충성심을 되살리고 강화하는 데 주도적인 역할을 했다.

▬ 가르치기는 필수다

그러므로 우리는 사도 바울이 교회 지도자의 자격 요건에 "가르치기를 잘하며"라는 항목을 포함시킨 사실에 놀라지 말아야 한다. 바울이 제시하는 나머지 모든 자질은 성숙한 그리스도인이라면 **누구나** 갖춰야 하는 자질이다. 그러나 "가르치기를 잘하는" 자질은 장로나 목사가 되려는 사람들에게 요구되는 특별한 은사다. 이유는 간단하다. 가르치는 일은 장로의 주된 사역이다. 행정과 상호 돌봄을 비롯한 다른 일도 교회에 필요하다. 그러나 특별히 장로에게 꼭 필요한 한 가지 요건은 가르치는 능력이다.

장 칼뱅은 가르칠 때 정신을 바짝 차려야 한다고 말한다.

무엇이든 하나님께 헌정된 것을 더럽히는 일은 크나큰 악이다. 그러기에 깨끗하지 못하거나 심지어 준비되지 않은 손으로 그것을, 세상에서 가장 거룩한 것을 주무르려는 자를 절대로 그대로 두어서는 안 되는 게 분명하다. 그러므로 성경을 자기 좋을 대로 경솔하게 변개하고, 농담할 때처럼 자기 생각을 우겨 넣는 것은 뻔뻔한 짓이며 신성모독에 가깝다. 그런데 이전 시대에 이런 일이 자행되었다.[23]

━ "가르치기를 잘한다"는 말은 무슨 뜻인가?

바울이 말한 "가르치기를 잘한다"라는 기준은 성경 진리를 명료하고 일관되며 충실하게 전달하는 능력을 뜻한다. 이런 능력이 있는 사람들은 성경을 충실하게 다루며, 이들이 이렇게 할 때 사람들이 가르침을 얻는다. 이러한 능력은 강단에서 공식적으로 가르치는 일에 국한되지 않는다. 이런 능력을 가진 사람들은 공식적인 자리에서 잘 가르치는 은사를 받았을 수도 있고, 일대일 또는 소그룹 상황에서 잘 가르치는 은사를 받았을 수도 있다. 사람들 앞에서 말을 빼어나게 잘하지는 못하더라도 늘 성경을 중심으로 주변 사람들을 가르치고 상담하는 이들도 있다. 이런 사람들에게 장로의 직분을 맡을 자격이 없다고 해서는 안 된다.

앞서 마크 데버 목사님 얘기를 했었다. 데버 목사님은 목사가 되고 싶다는 내 얘기를 듣자마자 내 아내에게 물으셨다. "남편이, 가르치는 일을 할 수 있을까요?" 그분이 가장 먼저 던진 질문이었다.

가르치는 능력은 장로의 직분과 연결되는 특별한 은사다. 따라서 장로의 직분을 열망하는 사람이라면 누구나 가르치는 능력이 있어야 한다. 교회 지도자 후보자를 평가할 때 이 요건을 절대 간과해서는 안 된다. 후보자가 가르치는 일을 할 수 있는가?

질문과 관찰

1) 목사는 교인들의 은사와 능력을 확인하기 위해 교회에서 가르칠 기회를 마련해주어야 한다.

가르치는 일에 관심이 있고, 성경이 말하는 장로의 자격을 갖춘 사람들이 있다면, 목사는 이들에게 적절한 상황에서 가르칠 기회를 제공해주어야 한다. 어떤 교회들은 주일 저녁 예배를 이런 목적에 활용한다. 어떤 교회들은 주일학교나 주 중 성경공부를 이런 기회로 활용한다. 또 어떤 교회들은 교사를 훈련하고 길러내는 프로그램을 운영한다. 교회 상황이 어떻든지 간에, 목사와 교회는 가르치는 은사가 있는 교인들을 찾아내고 그들을 인정해주는 기회를 마련해야 한다.

2) 장로 후보자에게 가르칠 기회를 주었을 때 얼마나 잘 가르치는가?

목사는 한 사람이 교사로서 성장하고 배울 기회를 여러 차례 주어야 한다. 처녀항해로 그 사람의 능력을 판단해서는 안 된다. 시간을 두고 물어야 한다. 장로 후보자가 본문을 해석하고, 설교의 뼈대를 잡으며, 성경 내용을 분명하게 전달하고, 성경을 적절하게 적용하며, 목회적 필요와 반대를 예측하는 기술을 보여주는가? 가르치는 일을 중심에 두려면, 후보자를 성급히 평가해서는 안 된다. 어느 정도 시간이 지나야 제 능력을 발휘하는 사람도 있다. 나와 함께 교회를 섬긴 장로들 중에 두 분이 사람들 앞에서 말을 잘 못했다. 한 분은 말을 더듬었고, 한 분은 사람들 앞에만 서면 식은땀을 흘렸다. 그러나 지금은 이 두 분이 우리 교회에서 가장 빼어난 주일 저녁 설교자가 되었다. 이러한 은사를 찾아내고 계발하려면, 분명하고 정직하며 끈질긴 평가가 필요하다.

3) 장로 후보자가 가르칠 때 목회 감각을 보여주는가?

교회는 그리스도의 몸을 알고 하나님의 말씀을 하나님의 백성에게 적용할 줄 아는 사람들을 찾아야 한다. 후보자가 이 부분에서 분별력을 보이는가? 교회에서 상처에 대해, 아픔에 대해, 기쁨, 필요, 역사, 희망에 대해 말할 줄 아는가? 양 떼를 통제하는 경향이 있는가, 아니면 양 떼를 먹이는가? 후보자가 양 떼들을 안다면, 이러한 앎이 그가 가르치는 일을 통해 사람들을 양육하는 모습에서 드러나야 한다. 바울은 이 부분에서 직접 본을 보이며 이렇게 말했다. "너희도 아는 바와 같이 우리가 너희 각 사람에게 아버지가 자기 자녀에게 하듯 권면하고 위로하고 경계하노니 이는 너희를 부르사 자기 나라와 영광에 이르게 하시는 하나님께 합당히 행하게 하려 함이라"(살전 2:11-12). 장로는 하나님의 백성을 가르칠 때 부모와 같은 애정을 보여주어야 한다.

4) 장로 후보자가 강해설교에 (또는 교회의 다른 설교 철학에) 열성적인가?

장로 후보자가 설교란 무엇이며, 무엇이어야 하는지에 대해 기존 장로(들)와 의견을 같이하는가? 가르치는 일이 교회 사역의 중심이라고 생각하는가? 아니면, 다른 어떤 일이 교회 사역의 중심이어야 한다고 믿는가? 이러한 본질적인 부분에서 견해가 서로 갈리면, 장로 직분을 수행하는 데, 설교하는 목사가 의무를 충실하게 이행하는 데, 심각한 장애가 일어날 수 있다. 견해가 갈리면, 가르치는 사람들이 같은 강단에서 근본적으로 서로 다른 전략을 쓰기 때문에 양 떼도 영향을 받기 십상이다. 장로들이 가르치는 사역의 성격과 색채를 결정한다. 따라서 가르침의 철학이 반드시 일치해야 한다.

5) 장로 후보자의 가르침에서 사람들이 교훈을 얻는가?

교인들에게 물으면, 그 후보자에게 가르치는 능력이 있으며 그의 가르침에서 영적 유익을 얻는다고 대답하는가? 사람들이 장로 후보자의 가르침을 어떻게 받아들이고 활용하는지 주변 사람들에게 물어보라. 사람들이 한 사람을 어떻게 평가하는지 살펴보면, 그 사람의 능력을 확인할 수 있다.

6) 장로 후보자가 다른 사람들을 훈련하는가?

모든 (또는 대부분의) 가르침이 다 공적이지는 않다. 그렇기에 좀 더 작은 부분, 덜 공적인 부분도 살펴야 한다. 장로 후보자는 소그룹이나 일대일 제자훈련 같은 조금 더 개인적인 상황에서 다른 사람들이 그리스도 안에서 자라도록 돕는가? 다른 사람들이 어려움이나 문제를 잘 헤쳐나가도록 충실하게 돕는가? 다른 사람들이 그를 찾아와 조언이나 상담을 요청하는가? 그의 상담은 일관되고 철저히 성경적인가? 예배가 끝난 뒤 복도나 주차장에서, 또는 주 중에 커피 한잔을 나누면서 상당한 목양 사역을 하는 이들이 있다. 누가 이런 방식으로 가르치는가?

7) 장로 후보자가 신학적으로 성숙하고, 교회가 견지하는 특징적인 신학을 지지하는가?

은사가 있더라도, 그 은사를 뒷받침하는 적절한 알맹이가 있어야 한다. 많은 사람들이 청중의 감성을 자극하는 데는 일가견이 있으나 정작 신앙의 기본 교리는 제대로 설명해내지 못한다. 따라서 교회와 지도자는 한 사람의 신학적 성숙도와 지식을 반드시 평가해야 한다.

장로 후보자를 고려할 때, 교회의 신앙고백을 자세히 논의해야 한다. 후보자가 동의하지 않는 부분들이 있는가? 후보자가 순전하고 선한 양심으로 신앙고백에 서명할 수 있는가? 후보자의 가르침은 당연히 신앙고백을 뒷받침해야 한다. 후보자가 그 교회의 신학적 특성들을 이해하고 지지하는가? 예를 들면 교회의 안수에 대한 견해나 가정과 교회에서의 성역할에 대한 입장 등을 이해하고 지지하는가? 교회가 하나 되려면, 가르치는 권위를 가진 사람이 교회의 특징을 온전히 옹호할 수 있어야 한다.

마틴 로이드 존스는 교회가 설교자나 성경을 다루는 사람에게서 무엇을 찾아야 하는지 유익하게 지적한다.

우리는 무엇을 찾습니까? 그들은 "성령이 충만한" 사람이어야 합니다. 이것이 첫째이자 가장 큰 자격 요건입니다. 우리는 비범한 수준의 영성을 찾을 권리가 있습니다. 이러한 영성이 첫째가 되어야 하는데, 그 일의 성격 때문입니다. 더 나아가, 우리는 진리를 아는 그의 지식과 그와 진리의 관계에 대해 어느 정도 확신을 추구할 권리가 있습니다. 그가 늘 문제와 씨름하고 어려움과 씨름하며 곤란한 일과 씨름하며, 진리를 찾지 못해 헤매고, 확신이 없어 늘 최근에 읽은 책에 영향을 받으며, "온갖 가르침에 흔들리고" 온갖 새로운 신학 사조에 휘둘린다면, 그는 그 사역의 소명을 받지 않은 게 분명합니다. 그 자신이 큰 문제를 안고 있으며 곤혹스러운 상태에 있다면, 그는 설교자로 적합하지 않은 게 분명합니다. 왜냐하면 설교자는 문제 있는 사람들에게 설교할 테고, 설교자의 주된 역할은 그들이 문제를 해결하게 돕는 것이기 때문입니다. 우리 주님이 이런 상황에서 직접 하신 질문이 있습니다. "맹인이 맹인을 인도할 수 있느냐?" 따라서 설교자는 영성이 비범한 사람, 진리를 확실히 알고 이해하는 수준에 이른 사람, 자신이 진리를 다른 사람들에게 전할 수 있다고 느끼는 사람이어야 합니다.[24]

8) 장로 후보자가 믿음을 변호할 줄 아는가?

진리를 변호하는 능력은 튼실하게 가르치는 능력의 또 다른 부분이다. "미쁜 말씀의 가르침을 그대로 지켜야 하리니 이는 능히 바른 교훈으로 권면하고 거슬러 말하는 자들을 책망하게 하려 함이라"(딛 1:9). 목사와 교회는 장로 후보자가 다툼과 무례함이 아니라, 인내와 부드러움으로 잘못을 바로잡고 진리를 보존하는 능력을 보이는지 확인해야 한다.

9) 장로 후보자 자신이 가르침을 잘 받아들이는가?

장로 후보자가 말씀을 겸손하고 기쁘게 받아들여 유익을 얻는 사람으로 교인들에게 귀감이 되겠는가? 가르침을 잘 받아들인다면, 그 자체가 잘 가르친다는 뜻이다. 가르침을 잘 받아들인다는 말은 사람들 앞에서 겸손의 본을 보인다는 뜻이다. 목사가 동료 장로들의 가르침에서 배우지도 그 가르침에 복종하지도 않는다면, 장로들 사이에 긴장을 조성하고 양 떼 앞에서도 마음이 완악한 사람의 본보기가 될지 모른다. 설상가상으로, 양 떼와의 관계에서 가르치는 자이기보다 독재자가 될지 모른다.

▬ 결론

목사로서 그리고 교회로서, 우리는 믿을 만한 사람들을 찾아 우리가 충성된 사람들에게서 배운 바를 그들에게 맡겨야 한다. 진리를 전수하려면, 우리가 지도자로 세우는 사람들이 다양한 상황에서 다양한 방식으로 가르칠 수 있어야 한다. 가르칠 줄 모르는 사람을 장로로 세운다면, 복음이라는 깨끗하고 신선한 우유를 부식된 관을 통해 보내는 것과 같다. 말씀은 계속 우유이겠지만 얼마나 신선도를 유지할 수 있겠는가? 부식된 관으로 나오는 우유를 누가 마시려 들겠는가?

14

정신이 맑고, 부드러우며,
화평케 하는 사람

"술을 즐기지 아니하며 구타하지 아니하며 오직 관용하며 다투지 아니하며…"

디모데전서 3:3

나의 할아버지와 형들은 알코올 중독자였다. 할아버지는 폭음을 하셨다. 여러 달 맨정신으로 지낼 때도 있었지만 이내 '다시 술독에 빠졌고', 입에 담기 민망한 욕을 했으며, 이따금 폭력을 쓰시기도 했다. 맨정신일 때 할아버지는 자신이 그리스도인이라고 하셨다. 그러나 술에 취하시면, 아무리 성경을 인용하며 타이르거나 그리스도를 말해봐야 씨알도 먹히지 않았다. 말년에 몸이 쇠약해지자 술을 끊으셨고, 내가 최고로 좋아하는 사람들 가운데 한 명이 되셨다. 할아버지는 좋아서 웃을 때면 어깨를 들썩이며 목을 뒤로 젖히셨다. 특히 기분 좋은 일이 있으면, 따뜻하고도 질펀한 목소리로 "예~~~,

주님"이라고 하셨다.

형들도 폭음을 하기는 매한가지였다. 형들이 술독에 빠져 산 세월은 할아버지보다 길었다. 할아버지처럼 형들도 술을 마시면서 사회적 기능을 잃었다. 직장을 잃고 친구를 잃고 가족마저 잃었다.

사도 바울은 디모데전서 3장 3절에서 장로나 목사는 "술 취하지 않으며 폭력적이지 않고 부드러우며 다투기 좋아하지 않아야"(NIV) 한다고 가르친다. 내가 이러한 가르침에 전혀 반대하지 않는 것이 놀랄 일도 아니다. 술 취함, 폭력, 다툼이 바울의 목록에서 뭉치로 제시되는 것처럼 이것들은 삶에서 흔히 뭉치로 나타난다. 셋 중 하나가 나타나면, 나머지 둘도 으레 따라 나온다.

나는 할아버지를 사랑하고 형들도 사랑한다. 하지만 이분들은 교회 지도자 후보로는 적합하지 않다.

▬ 자격 요건

디모데전서 3장 2절과 3절은 컬러 사진과 원판 필름처럼 한 세트를 이룬다. 2절에서 바울은 긍정적 자질을 열거한다. 절제하며 신중하며 단정하다. 3절에서 바울은 세 가지 부정적인 특징을 가진 이를 배제한다. 술 취하고, 폭력적이며, 다투기를 좋아하는 사람이다. 2절이 말하는 자질을 갖춘 사람이라면, 장로의 직분을 맡을 자격이 있다. 3절이 말하는 그런 사람이라면, 장로의 직분을 맡을 자격이 없다.

"술에 절다"(given to drunkenness, NIV)라는 말은 읽는 그대로다. 독한 술을 과도하게, 맑은 정신을 잃을 때까지 마시는 경향을 말한다. 칼뱅은 술 취함에는 "포도주를 무절제하게 마시는 것"이 포함된다고 말한다.[25] 장로는 술고래여서는 안 된다.

술에 취하면 폭력이 뒤따르기 마련이다. 요란하고 폭력적인 성향은 목사와 장로에게 적합하지 않다. 교회 지도자는 '공격자'(striker)여서는 안 된다. 대신에 온유함이 이들의 방식을 지배해야 한다.

마지막으로, 장로는 다투기를 좋아해서는 안 된다. 장로는 따지기를 좋아하고 편 가르길 좋아해서는 안 된다. 바울은 디모데후서에서도 같은 교훈을 했다.

> 어리석고 무식한 변론을 버리라 이에서 다툼이 나는 줄 앎이라 주의 종은 마땅히 다투지 아니하고 모든 사람에 대하여 온유하며 가르치기를 잘하며 참으며 거역하는 자를 온유함으로 훈계할지니 혹 하나님이 그들에게 회개함을 주사 진리를 알게 하실까 하며 그들로 깨어 마귀의 올무에서 벗어나 하나님께 사로잡힌 바 되어 그 뜻을 따르게 하실까 함이라(딤후 2:23-26).

목사와 장로는 다툼을 멀리하고, 언쟁을 피하며, 끈질기게 가르치고, 교회에서 일어나는 분쟁을 더 깊은 영적 갈망의 징후로 포착해야 한다(약 4:1-3). 목사와 장로는 인내, 온유, 가르치기를 규범으로 삼아야 한다. 가르친다는 말을, 견해가 다른 사람은 가리지 않고 비꼰다는 말로 혼동해서는 절대 안 된다. 교회 지도자들이 거칠고 어리석은 생각을 두고 언쟁에 휘말리는 경우가 얼마나 많은가? 교회는 맑은 정신으로 이러한 마귀의 계략을 간파하고, 평화의 본을 보이는 사람들이 필요하다.

▬ 질문과 관찰

1) 장로 후보자가 술을 즐기는가?

장로 후보자가 술을 마시는가? 마신다면, 적절하게, 취하지 않을 만큼 마시는가? 아니면, 가정에서든 사회에서든 취할 때까지 마시는가? 후보자가 술 말고 다른 것의 노예가 되어 있지는 않은가?

2) 믿음의 핵심과 "어리석고 무식한 변론"(딤후 2:23)을 성경적으로 분별하는 능력을 보이는 사람들을 찾으라.

장로 후보자에게 말씀을 나눌 기회를 주었을 때, 그의 가르침에서 이런 능력을 찾아볼 수 있다. 후보자가 공적인 시간에 의심스러운 견해나 추측에서 나온 기괴한 사상을 소개하는가? 아니면, 하나님의 진리를 강조하는 튼실하고 성숙한 판단을 보여주는가? 후보자는 모든 것을 양심의 문제, 즉 목숨을 걸고 싸워야 하는 문제로 받아들이는가? 아니면, 덜 중요하거나 중요하지 않은 문제를 건너뛸 줄 아는가? 이런 능력이 후보자가 양 떼와 대화할 때 나타나는가? 아니면, 중요하든 그렇지 않든 간에 모든 문제에서 사람들을 윽박질러 '정답'에 우겨 넣으려 하는가?

3) 장로 후보자가 갈등 가운데서도 인내하며 온유함을 잃지 않는가?

때로 교회의 갈등은 다이아몬드를 제련하는 역할을 한다. 교회가 최근 어려움에 처했었거나 지금 그런 어려움에 처했을는지 모른다. 디모데후서 2장 24절에서 보듯이, 누가 어리석은 논쟁을 피하는 능력을 보여주는가? 누가 온유하게 답하고, "거역하는 자"를 치지 않으며 앙갚음하지 않는가? 공격과 논쟁에 직면해서도 하나님이 잘못하는 자들에게 은혜를 베풀어 회개에 이르게 하시리라는 소망을 잃지 않는 사람들이 있다. 이런 사람들은 논쟁과 다툼에 굴복하지 않고, 영원한 영적 시각을 유지한다.

4) 장로 후보자가 다툼을 피할 뿐 아니라 화평케 하는 자인가?

장로 후보자가 교회의 하나 됨을 유지하려고 힘껏 노력하는가?(롬 15:5-6; 엡 4:3; 골 3:15) 갈등을 회피하는 것은 그야말로 회피에 지나지 않는다. 그러나 평화와 화해의 일꾼이 된다면, 한발 나아가는 셈이다. 그러기에 장로는 평화와 화해의 일꾼이어야 한다. 화평케 하는 일은 모든 그리스도인에게 맡겨진 사역이다. 장로는 적극적으로 화평케 하고 하나 됨을 이루는 본을 보여야 한다.[26] 한발 물러나 있는 것과, 인내와 온유로 가르치며 무기를 내려놓고 손을 서로 맞잡는 것은 사뭇 다르다.

5) 장로 후보자가 아내나 자녀나 다른 사람들을 신체적으로 학대하는가?

장로는 절대 '공격자'여서는 안 된다. 후보자가 자녀를 훈계하면서 체벌을 할 때, 혹시라도 울분이나 분노나 질투나 실망에 휘둘려 그렇게 하지는 않는가? 아내나 자녀들이 그가 맑은 정신으로 적절하게 신앙적으로 훈계한다고 말하는가? 장로 후보자에게 배우자를 학대한 전력이 있는가? 목사들은 예전 일이든 최근 일이든, 회심하기 전 일이든 그 후의 일이든 간에, 후보자에게 학대 전력이 있는지 지혜롭게 조사하고, 회개하고 책임지는 태도가 몸에 배었는지 판단해야 한다. 가정에서 폭력을 휘두르는 사람이라면, 가정을 잘 다스리지 못할 것이 분명하다.

▬ 결론

사도 바울은 복음 사역이 점점 어려워지는 시대를 예견했다. "때가 이르리니 사람이 바른 교훈을 받지 아니하며 귀가 가려워서 자기의 사욕을 따를 스승을 많이 두고 또 그 귀를 진리에서 돌이켜 허탄한 이야기를 따르리라"(딤후 4:3-4). 이런 때를 대비해 사도 바울은 정신을 차리고, 부드러우며, 화평케 하는 목자들을 두라고 요구한다. "그러나 그대는 모든 일에 정신을 차려서 고난을 참으며, 전도자의 일을 하며, 그대의 직무를 완수하십시오"(딤후 4:5, 새번역). 이런 사람이라면, 어느 교회에나 복이 된다.

15

하나님이 기뻐하시는 방식으로
돈을 쓰는 사람

"그러므로 감독은 책망할 것이 없으며 한 아내의 남편이 되며 절제하며 신중
하며 단정하며 나그네를 대접하며 가르치기를 잘하며 술을 즐기지 아니하
며 구타하지 아니하며 오직 관용하며 다투지 아니하며 돈을 사랑하지 아니
하며" 디모데전서 3:2-3

바울은 디모데에게 자격을 갖춘 감독을 찾으라고 교훈한다. 이러한
바울의 교훈을 볼 때면 오제이스가 부른 〈돈을 사랑하기 때문에〉(For
the Love of Money)라는 오래된 노래가 떠오른다. 이 노래를 모르는 사
람들을 위해 가사의 일부를 소개하겠다.

돈을 사랑하기 때문에
어머니의 것을 훔치려 들지
돈을 사랑하기 때문에
형제의 것을 강탈하려 들지

돈을 사랑하기 때문에

거리를 나돌아 다니지도 못하지

누가 칠지도 모르니까

얇고 비열한, 비열한 푸른 종이 때문이지

전능한 달러, 돈 때문이지

돈을 사랑하기 때문에

거짓말하고, 속이려 들지

돈을 사랑하기 때문에

아무나 닥치는 대로 해치고 때리려 들지

돈을 사랑하기 때문에

소중한 몸을 팔지

돈 몇 푼의 힘이 대단하지

얇고 비열한, 비열한 푸른 종이

전능한 달러여

　목사나 교회가 가장 자주 받는 비판은 "돈밖에 모른다"는 것이
다. 솔직해보자. 몇몇 텔레비전 방송에서는 헌금함에 쨍그랑 소리
가 나기가 무섭게 축복을 약속한다. 그러니 사람들이 이것을 얼마
나 두려워하는지 이해가 된다. 데디 그레이시스, 케네스 코플랜드,
크레플로 달러 같은 세계적인 인물들이 이 문제를 부각시켰다(이들
은 이른바 번영복음의 선구자들이다─옮긴이주). 우리 시대의 텔레비전 전
도자들이 등장하기 오래전에, 교황들과 그 아랫사람들이 질 높은

예술품과 하늘을 찌르는 대성당을 선호하는 자신들의 입맛을 만족시키려고 면죄부를 팔았다.

하지만 사도 바울은 디모데에게 돈을 사랑하지 않는 사람들, 《KJV성경》에서 표현하고 있듯이 "더러운 돈을 탐하지 않는"(greedy of filthy lucre) 사람들을 찾으라고 교훈한다. 《KJV성경》의 번역이 바울이 사용하는 표현에 더 가깝다. 바울은 추잡하고 수치스러운 이익, 도덕성까지 팽개쳐가며 얻은 이익을 염두에 두고 있다. 흥미롭게도, 신약성경은 이 용어를 디모데전서 3장 3절과 8절, 디도서 1장 7절에서만 사용하는데, 바로 이 구절들에서 바울은 장로와 집사의 자격 요건을 제시해준다. 주님은 장로가 돈을 대하는 태도에 특별한 관심을 보이시는 것 같다. 다시 말해, 장로는 돈을 위해 자기 영혼을 팔거나 자기 이익을 위해 사람들을 갈취하는 인물이어서는 **안 된다.** 장로 후보자는 탐욕과 돈에 대한 사랑을 반드시 버려야 한다.

▬ 존 웨슬리가 보여준 본보기

초대형 교회의 슈퍼스타들과, 수십 수백억에 이르는 부동산과 재산을 자랑하는 유명 그리스도인이 즐비한 시대에, 교회는 문화를 거스르는 본보기가 절실히 필요하다. 사람들 대부분은 수입에 맞게 살아야 한다고 생각하며, 자신의 생활수준이 점점 올라갈 수 있게 수입도 점점 늘어나야 한다고 생각한다. 그러나 18세기를 살았던

존 웨슬리는 다르게 생각했다. 그는 아주 검소하게 살았기에 모든 장로 후보자는 그의 생활 방식을 연구해야 한다.

찰스 화이트는 웨슬리가 돈을 대하는 태도와 방식을 형성한 한 사건을 들려준다.

[웨슬리가] 자신의 방에 걸린 그림 몇 점 값을 막 치렀을 때, 하녀가 들어왔다. 하녀는 겨울인데도 아마 섬유로 짠 얇은 가운 하나로 추위를 견디고 있었다. 그는 하녀에게 코트 사 입을 돈을 주려고 주머니에 손을 넣었다. 하지만 주머니에는 돈이 거의 남아 있지 않았다. 그때 자신이 돈을 쓰는 방식을 하나님이 기뻐하시지 않는다는 생각이 퍼뜩 들었다. 그는 자신에게 물었다.

"그대의 주인께서 '잘하였도다. 착하고 충성된 종아!'라고 하시겠는가? 그대는 이 가난한 여인을 추위에서 구할 수 있을 돈으로 그대의 벽을 치장했도다! 오, 정의여! 오, 자비여! 이 그림들이 이 가난한 하녀의 피가 아니던가?"

이 사건의 결과로, 1731년 웨슬리는 더 많은 돈으로 가난한 자들을 구제하기 위해 자신의 씀씀이를 제한하기 시작했던 듯 보인다. 그의 말에 따르면, 그는 어느 해 수입이 30파운드였고 생활비로 28파운드를 쓰고 2파운드로 구제를 했다. 이듬해에는 수입이 배로 늘었으나 생활비로는 여전히 28파운드만 썼고, 그래서 32파운드로 구제를 했다. 그 이듬해, 수입이 90파운드로 껑충 뛰었으나 여전히 생활비로 28파운드만 썼고, 그래서 62파운드로 가난한 자들을 도왔다.

웨슬리는 그리스도인이라면 십일조를 해야 할뿐더러 가족을 부양하고 빚을 갚고 남는 나머지 모든 수입으로 구제해야 한다고 설교했다. 그는 수입이 증가하면 그리스도인의 생활수준이 높아지는 게 아니라 구제 수준이 높아져야 한다고 믿었다. 그는 이것을 옥스퍼드에서 시작해 평생 실천했다. 수입이 수천 파운드로 늘었을 때도 그는 검소하게 살았으며, 나머지 돈으로 신속하게 구제했다. 어느 해, 수입이 1,400파운드를 조금 넘었다. 하지만 30파운드를 제외한 나머지 돈은 모두 구제하는 데 썼다. 그는 땅에 보화를 쌓을까 봐 두려워했고, 그래서 돈이 들어오기 무섭게 자선을 베풀었다. 그는 한 번도 100파운드를 가져본 적이 없다고 말한다.

1791년, 그가 죽었을 때 유서에 언급된 돈이라고는 호주머니와 서랍에서 발견된 동전 몇 푼뿐이었다. 그는 평생 30,000파운드를 벌었으나 대부분을 구제에 썼다. 웨슬리는 이렇게 말했다.

"언제라도 하나님이 나를 부르시면, 나는 내 책을 남겨놓고 떠나야 한다. 그러나 책 외에 다른 것을 남긴다면, 나의 두 손이 나를 고발할 것이다."[27]

랜디 알콘은 웨슬리의 연간 수입을 현재의 가치로 환산하면 16만 달러쯤이라고 말한다. 그런데도 웨슬리는 그 가운데 2만 달러만 생활비로 쓴 것이다. 누구나 다 웨슬리처럼 철저히 후하게 베풀며 살지는 못할 것이다. 그러나 장로가 돈과 소유를 대할 때는 번영을 외치는 숱한 설교자들의 호화로운 생활이 아니라 웨슬리의 검소한 생활을 따라야 한다.

질문과 관찰

1) 장로 후보자가 후하게 희생적으로 드리는가?

드림(giving)은 돈과 경제적 이익을 사랑하지 않음을 보여주는 표시다. 우리는 보화를 땅이 아니라 천국에 쌓아야 하며, 돈이 아니라 주님을 섬겨야 한다(마 6:19-24). 그리스도와 그분의 나라를 첫째 자리에 두면, 희생적으로, 후하게, 즐겁게 드린다. 장로 후보자를 고려할 때, 그 사람이 교회 일에 인색하지 않게 드리는지 고려해야 한다. (이것은 그 사람이 교회에 얼마나 헌신하는지를 가늠하는 하나의 척도이기도 하다). 후보자가 기회 닿는 대로 다른 사람들의 필요를 채우는 일에 자신의 물질을 드리는가? 아니면, 재물을 쌓아두기만 하는가?

2) 장로 후보자가 땅에 마음을 두는가, 하늘에 마음을 두는가?

분명히 남자는 가족을 부양해야 한다(딤전 5:8). 그러나 장로 후보자가 과도하게 투자하고 과도함을 사랑하지는 않는가? 경제적으로 도를 넘지는 않는가? 후보자가 어떤 빚을 지고 있는가? (과소비로 인한 빚인가, 대출금처럼 꼭 필요한 빚인가?) 후보자가 수수한 자동차 대신 고급 자동차를 구입하는가? 수수한 집 대신 크고 비싼 집을 사들이는가? 나눔과 저축에 균형을 이루는가? 자동차와 집은 물론이고, 모든 소유를 팔아 가난한 자들에게 주고 그리스도를 따르라는 제안에 젊은 부자 관원이 보인 그대로 반응하는가? 이런 것을 말할 때, 후보자의 마음이 세상에 매여 있는가? 아니면, 후보자가 '드리는' 이 은혜로운 일에서도 뛰어나다는 증거가 있는가?(고후 8:7)

3) 장로 후보자가 이생의 유익에 관해 어떤 철학을 갖고 있는가?

장로 후보자가 성공을 재는 잣대는 무엇인가? 세속적인 서구사상의 상당 부분은 이렇게 결론짓는다. "손에 넣을 수 있는 것은 무엇이든 손에 넣으라. 그렇게 얻은 모든 것을 통에 넣으라. 그런 뒤 그 통을 깔고 앉으라." 어쩌면 당신은 돈 냄새에 찌든 황금률을 들었는지도 모른다. "가장 많은 금을 가진 자가 지배한다." 후보자가 이런 시각을 가졌는가? 그에게는 돈이 성공의 잣대인가? 후보자가 소유와 재물에 자부심을 두는가? 바울이 이 편지에서 디모데에게 주는 교훈은 이와 정반대다. "그러나 자족하는 마음이 있으면 경건은 큰 이익이 되느니라 우리가 세상에 아무것도 가지고 온 것이 없으매 또한 아무것도 가지고 가지 못하리니 우리가 먹을 것과 입을 것이 있은즉 족한 줄로 알 것이니라"(딤전 6:6-8). 존 웨슬리의 금언은 장로가 지녀야 할 적절한 태도이기도 하겠다. "벌 수 있는 만큼 벌고, 저축할 수 있는 만큼 저축하며, 베풀 수 있을 만큼 베풀어라."

4) 장로 후보자가 직업적인 결정이나 개인적인 결정을 내릴 때, 이익을 좇아 주판을 튕기는가?

장로 후보자가 금전적 이익을 중심으로 사는가, 하나님 나라를 중심으로 사는가? "부하려 하는 자들은 시험과 올무와 여러 가지 어리석고 해로운 욕심에 떨어지나니 곧 사람으로 파멸과 멸망에 빠지게 하는 것이라 돈을 사랑함이 일만 악의 뿌리가 되나니 이것을 탐내는 자들은 미혹을 받아 믿음에서 떠나 많은 근심으로써 자기를 찔렀도다"(딤전 6:9-10). 돈을 사랑하면, 실제적인 결정을 내리거나 계획을 세울 때 그 태도가 드러나며 유혹과 파멸에 이른다. 후보자가 이익을 좇아 일밖에 몰라서 가족이나 영적 생활은 피폐해지는가? 후보자가 재물을 좇는 생활을 정당화하려고 주님의 말씀이나 명령을 왜곡하려 드는가? 후보자가 교회 일에 충실하게 참여하는 대신에 재물을 좇아 직장이나 가정 문제를 결정하려 하는가? (이를테면 재물을 좇아 승진 제의를 받아들이거나 타 지역으로 이주하는가?) 아니면, 영적 목적에 우선순위를 두고 이런저런 기회를 거절하는가?

5) 장로 후보자가 교회 재정에 어떤 태도를 취하는가?

돈을 사랑하면, 교회의 재정 운용을 보는 시각이 여러 면에서 영향을 받는다. 돈을 사랑하는 사람은 교회가 돈을 쌓아놓길 바랄 수 있다. 교회 위치를 정할 때, 복음을 효과적으로 전하는 데 용이한지를 생각하지 않고, 부동산 가치를 먼저 생각할는지 모른다. 돈을 견실한 사역에 쓰기보다 쌓아두길 좋아하기에, 지출 규모를 늘리지 말자고 할지도 모른다. 장로 후보자가 교회 예산을 어떻게 대하는지를 살피는 일은 대체로 그만한 가치가 있다. 후보자가 교회 예산을 대할 때 믿음으로 대하는가, 세상 지혜를 의지하는가? 후보자가 눈에 보이는 것만 의지하는가, 하나님을 의지하며 하나님의 백성이 힘에 지나도록 드릴 것을 믿는가?(고후 8:1-5) "우리 주 예수 그리스도의 은혜를 너희가 알거니와 부요하신 이로서 너희를 위하여 가난하게 되심은 그의 가난함으로 말미암아 너희를 부요하게 하려 하심이라"(고후 8:9).

6) 장로 후보자가 사람보다 돈에 더 신경 쓰는가?

(큰 비용이 들더라도) 사람들을 섬기는 쪽과 교회를 재정적으로 보호하는 쪽 가운데 하나를 선택해야 한다면, 장로 후보자가 어느 쪽을 선택하겠는가? 후보자는 빈털터리가 되더라도 가난한 자들을 섬기려는 사람인가, 아니면 배고픈 자들에게 둘러싸여도 부유하려 드는 사람인가?

▬ 결론

나는 복음 사역자가 되라는 부름에 오랫동안 저항했다. 텔레비전에 나오는 장사치들과 어떤 형태로든 엮이고 싶지 않았기 때문이다. 나는 이렇게 생각했다. '주님, 목사만 아니면 무엇이 되어도 좋습니다. 목사들 중에 돈밖에 모르는 사람이 너무나 많습니다.' 주님은 그분의 뜻이 있는지 크게 웃으셨다. 지금 나는 세계 제일의 금융 지역에 속하는 동네에서 사방으로 세상의 유혹에 시달리며 목회를 한다. 오제이스가 코러스로 들려주는 경고를 듣노라니 기도해야겠다는 생각이 든다.

> 받지 마, 받지 마, 돈의 지배를 받지 마
> 돈을 사랑하기 때문에
> 이따금 돈 때문에 변하지
> 되지 마, 되지 마, 돈 때문에 바보가 되지 마

이따금 돈 때문에 바보가 되지

변하지 마, 변하지 마, 돈 때문에 변하지 마

좋은 소식이 있다. 주님은 우리에게 돈보다 더 큰 사랑을 주신다. 돈은 날개가 있어 날아간다(잠 23:5). 주님은 우리에게 그리스도 안에서 더 큰 기쁨을 주신다. 사실, 그리스도는 가장 큰 기쁨이다. 돈을 무지하게 사랑하는 세상에 하나님의 풍성한 은혜로 어린양 그리스도를 전하는 것이야말로 더없이 큰 특권이 아닌가!

"주님, 우리 모두 충성되게 하시고, 우리 모두 탐심을 멀리하게 해주십시오. 주님, 당신의 교회에 세상의 싸구려를 무시하고, 맘몬이 아니라 만물의 주인을 섬기는 일꾼들을 주십시오."

16

가정에서 제대로
존경받는 사람

"자기 집을 잘 다스려 자녀들로 모든 공손함으로 복종하게 하는 자라야 할지며
(사람이 자기 집을 다스릴 줄 알지 못하면 어찌 하나님의 교회를 돌보리요)"
디모데전서 3:4-5

교회는 가정이다. 다시 말해, 교회는 그리스도 안에 있는 형제자매
들로 이뤄진 무리로, 성령 하나님의 역사를 통해 아버지 하나님께
순복하는 가정이다.

모든 가정에는 리더가 필요하다. 교회라는 가정도 예외가 아니
다. 그래서 사도 바울은 성령의 감동을 받아, 주님의 가정에서 감독
이 되길 갈망하는 사람들의 자격 요건을 또 한 가지 덧붙인다. 바울
은 이렇게 말한다. "자기 집을 잘 다스려 자녀들로 모든 공손함으
로 복종하게 하는 자라야 할지며 (사람이 자기 집을 다스릴 줄 알
지 못하면 어찌 하나님의 교회를 돌보리요)"(딤전 3:4-5).

바울이 이 자격 요건을 얼마나 긴급하고 일관되게 주장하는지 주목하라. 바울은 장로라면 지금껏 논의한 자질을 모두 갖춰야 한다고 말한다. 그런데 여기서 한층 강한 열정으로 덧붙인다. 자신의 가정을 꾸준히 잘 다스리지 못하는 사람은 장로가 될 자격이 없다고. 이것은 전제 조건이다. 직장에서 배울 수 있는 것이 아니다. 적어도 이 정도의 자격 요건을 갖춰야 후보 제안이라도 수락할 수 있다. 작은 가정을 다스리지 못하면, 큰 가정, 곧 하나님의 교회는 더더욱 다스리지 못한다. 하나님은 장로에게 하나님의 가정을 돌보라고 요구하신다.

여자들은 부당한 평가를 받는다. 으레 간섭하고 참견하는 사람으로 취급받기 마련이다. 그러나 여기서 바울은 교회 일에 매인 나머지 정작 가정사에 무관심하기 쉬운 남자들에게 경고한다. 이 대목에서 어떤 사람은 엘리 제사장을 떠올릴 것이다. 엘리는 기도하던 한나를 성급하게 잘못 꾸짖은 반면, 개차반인 두 아들에 대한 책임은 소홀히 했다(삼상 1-2장). 장로는 가정을 돌봐야 한다.

리더십과 사랑

5절의 "다스리다"(manage)는 선한 사마리아인이 위험을 무릅쓴 채 상처 입은 여행자를 싸매고 보살피는 장면에서 사용된 단어와 같다(눅 10:25-37). 선한 사마리아인은 상처 입은 여행자를 보자 보살피는 감독(caring supervision)으로 반응했다. 장로는 교회에서 바로 이

런 일을 해야 한다. 장로는 가족을 부양할뿐더러 감독해야 한다.[28]

감독만 하고 부양하지 않는다면, 폭군이거나 부재지주와 다르지 않다. 어느 쪽도 아버지에게는 어울리지 않으며, 장로에게는 더더욱 어울리지 않는다. 반대로, 부양만 할 뿐 감독하지 않는다면, 아이들에게 관대하고 마음씨 좋은 경찰이나 친구와 같다. 이런 사람은 적절하게 인도하지 않는다. 장로는 식구들 한 명 한 명에게 관심을 두고 온유하게 다스려야 한다. 사도 바울과 동료들은 교회를 대할 때 이런 균형을 유지했다. 바울은 이렇게 썼다.

> 우리는 그리스도의 사도로서 마땅히 권위를 주장할 수 있으나 도리어 너희 가운데서 유순한 자가 되어 유모가 자기 자녀를 기름과 같이 하였으니 우리가 이같이 너희를 사모하여 하나님의 복음뿐 아니라 우리의 목숨까지도 너희에게 주기를 기뻐함은 너희가 우리의 사랑하는 자 됨이라 …너희도 아는 바와 같이 우리가 너희 각 사람에게 아버지가 자기 자녀에게 하듯 권면하고 위로하고 경계하노니 이는 너희를 부르사 자기 나라와 영광에 이르게 하시는 하나님께 합당히 행하게 하려 함이라(살전 2:7-8, 11-12).

사도 바울은 좋은 다스림이 무엇을 수반하는지 곧바로 들려준다. "자녀들로 모든 공손함으로 복종하게 하는 자라야 할지며"(4절). 바울이 이미 말했듯이, 장로는 한 남자의 여자여야 한다. 장로가 결혼했다면, 여자라고는 일편단심 아내뿐이어야 한다는 뜻이다. 그러나 여기서 바울은 아버지와 자녀의 관계에 관심을 둔다. "공손함"(dignity, 새번역은 "위엄"으로 번역했다—옮긴이주)은 아버지에게 적용되거나 복종하고 순종하는 자녀에게 적용될 수 있다. 물론 자격을 갖춘 장로에게는 둘 다 기대한다. 이런 사람은 존경받을 만하며, 이러한 존경은 자녀들이 아버지의 리더십을 어떻게 따르느냐로 나타난다. 그런 사람은 공손하고 존경받는다. 자녀들이 아버지를 존경한다.《NIV성경》은 이 구절을 이렇게 옮겼다. "자녀들이 그를 제대로 존경하는지 확인하라."

▬ 질문과 관찰

1) 장로 후보자가 가정에 충실한가?

장로 후보자가 가정에서 리더십을 발휘하는가? 아내는 후보자의 가정생활을 어떻게 말하는가? 후보자를 칭찬하는가, 아니면 가정에 도무지 관심이 없다고 말하는가? 가정을 잘 감독(관리)하는지 알아보는 몇 가지 방법이 있다. 그가 가정의 경제 문제를 알고 거기에 신경을 쓰는지, 자녀 교육 문제를 주도적으로 결정하는지, 가정 자체를 건강하게 유지하는지 보면 된다.

2) 장로 후보자가 자녀를 잘 돌보는가?

장로 후보자가 자신의 자녀 한 명 한 명을 제대로 돌보는가? 장로가 되면, 양 한 마리 한 마리를 돌봐야 한다. 이것이 사도가 제시한 모델이다(살전 2:11-12). 교회는 장로 후보자가 자신의 자녀를 대하는 것과 같이 교회를 돌볼 거라고 기대한다.

3) 장로 후보자의 자녀들이 아버지에게 순복하는가?

자녀들이 아버지에게 복종하는가? 자녀들이 분명하게 아버지를 존경하고 높이 평가하는가? 아니면, 아버지와 자녀의 관계가 적대감과 반항으로 얼룩져 있는가? 여기서 구체적 상황이 중요하다. 자녀가 영적으로 길을 잃어 힘든 중에도 아버지에게 순종하고 아버지를 존경하려 애쓰고 있을 수도 있다. 바울은 이 부분에 관해 교훈하면서 완벽한 가정과 완벽한 자녀를 요구하지 않는다. 완벽한 가정과 완벽한 자녀란 없다. 그러므로 과연 아버지가 어려운 환경 가운데서도 가정을 잘 다스리는지 묻는 것이 지혜롭다. 자녀들이 그 어떤 어려움에도 아버지를 제대로 존경하는가? 사리를 분별할 나이가 된 자녀들이라면, 그들이 기독교의 가르침에 충실하게 행동하는지 살펴보라(딛 1:6).

4) 장로 후보자의 자녀들이 아버지께 장로 자격이 있다고 말하는가?

이 부분에서는 나이와 이해력이 중요하다. 자녀들이 눈앞의 결정을 이해할 만큼 나이가 들었다면, 아버지께 장로 직분을 맡을 자격이 있다며 아버지를 응원할는지 살펴볼 만하다. 자녀들이 무슨 근거로 아버지를 응원하거나 아버지께는 자격이 없다고 말하는가? 세심함이 요구된다. 그러나 자녀들의 눈에 비친 모습은 교회의 눈에 비친 모습과 별반 다르지 않다. 다만 자녀들은 그를 직접 보기에 공인이 아닌 모습을 보는 경향이 있을 뿐이다.

5) 독신 또는 결혼은 했으나 자녀가 없는 후보자의 경우, 이들이 아이와 아이 양육에 대해 어떤 태도를 취하는지 아는 것이 중요하다.

장로 후보자가 자녀를 두는 것을 반대하거나 (결혼했다면) 자녀를 갖길 한동안 미루는가? 이런 경우, 후보자의 삶에는 이기적 성향이 있을 수 있다. 독신자 후보일 경우, 그에게 아이들을 목양할 다른 기회가 있는지 살펴볼 만하다. 후보자가 아이들과 청소년을 섬기는 사역이나 지역 프로그램에 자발적으로 참여하는가? 후보자에게 조카나 조카딸이 있는가? 후보자가 교회에서 다른 사람들의 자녀들을 자발적으로 잘 보살피는가? 그럴 경우, 그 프로그램에 참여하는 아이들이 이 후보자에게 어떤 반응을 보이는가? 후보자가 아이들을 어떻게 보살피는가? 일터에서의 관계도 비슷한 기준으로 볼 수 있겠다.

▬ 결론

주님은 자기 자녀를 감독하고 양육할 줄 아는 사람들이 그분의 교회를 관리하도록 요구하신다. 대부분 이런 일은 목회 사역에 속한다. 이런 사람들을 어디서 찾아야 하는가? 가정을 잘 다스리는 사람들에게서 찾지 않으면 어디서 찾겠는가?

"주님, 가정에 충실하고 고귀한 직분에 합당한 은사를 가진 사람들을 일으켜주십시오."

17

풍성한 열매를 맺는
성숙한 포도나무 같은 사람

———

"새로 입교한 자도 말지니 교만하여져서 마귀를 정죄하는 그 정죄에 빠질까 함
이요" 디모데전서 3:6

———

'새신자의 열심'이라는 표현을 들어보았는가? 새로 발견한 신앙이
나 새로운 헌신 때문에 열정이 펄펄 끓는 사람을 묘사할 때 이런
표현을 쓴다. 조금은 상투적인 문구다. 하지만 많은 새신자를 묘사
하기에 유익한 표현이기도 하다. 회심한 지 얼마 안 된 신자들은 열
정과 에너지가 넘치기 십상이다. 눈이 반짝이고 털이 복슬복슬하다
(또 다른 상투적 표현을 쓰자면 그렇다). 대체로 보기만 해도 멋지다.

물론 이들의 열정이 지혜와 늘 조화를 이루는 것은 아니다.

이런 까닭에, 주님은 그분의 교회를 이끄는 어느 부목자라도 "새
로 입교한 자도 말지니 교만하여져서 마귀를 정죄하는 그 정죄에

빠질까 함이요"라고 말씀하신다(딤전 3:6). 사도 바울은 자격 요건뿐 아니라 그 이유까지 제시한다.

— 자격 요건

"새로 입교한 자도 말지니." 다시 말해, 장로는 새내기 신자여서는 안 된다. 말 그대로, 장로는 믿음이 '갓 심어진' 사람이어서는 안 된다. 새로 입교한 자(new convert)는 여린 새싹과 같아서 목회 사역에서 끊임없이 밟힐 때 참고 견뎌내지 못한다. 장로는 믿음이 풋풋하지 않고 농익어야 한다. 성숙한 포도나무가 잘 익은 열매를 내듯이 말이다.

새신자는 아이를 닮았다. 새신자의 새 삶은 우리를 독려하고 흥분을 자아낸다. 그러나 그와 동시에, 새 삶이 공격받기 쉽다는 사실도 알아야 한다. 새신자는 시간을 두고 가르침을 받고, 빚어지며, 보살핌을 받아야 한다. 새신자는 이런 보살핌이 필요하다. 그러기에 새신자는 목회자 수준에서 사람들을 보살필 만큼 성숙하지 못하다.

주님은 이것을 잘 설명해주시기에 교회는 그분의 말씀에 주목해야 마땅하다. 몇몇 교회는, 특히 사람들에게 열심히 일을 맡기는 교회는, 관심이 싹틀 때마다 새신자를 섬김의 자리에 배치하려는 경향을 보인다. 그러나 교회는 사람을 힘에 부치는 자리에 배치하지 않도록 주의해야 한다. 거듭 말하건대, 교회는 한 사람에게 필요한 보살핌과 가르침을 빼앗아서는 안 된다. 예를 들면, 교회는 누군가에게 아이들을 가르치라고 요청하기 전에 먼저 그의 신앙 기초를 튼튼히 세워주어야 한다.[29]

장로는 절대 새내기 신자여서는 안 된다. 갓 믿은 새내기 신자는 배워야 할 게 많고, 자기 삶에 적용하고 익혀야 할 게 많다(롬 12:1-2). 그런 다음에야, 사람들을 훈련하고 목양하는 일에 첫발을 내딛을 수 있다. 바울은 몇 살이 되어야, 믿은 지 몇 년이 되어야 자동적으로 성숙해지는지 말하지 않는다. 누구나 알듯이, 수십 년을 믿었어도 장로에게 꼭 필요한 영적 성숙이 부족한 사람들이 있다. 반대로, 나이가 제법 들어서야 영적으로 거듭났는데도 신앙 나이에 비해 놀랄 만큼 성숙한 사람들도 있다. 시간을 두고 차근히 살펴야 한다. 우리가 찾는 사람은 시간이 지날수록 삶과 생각이 꾸준히 성숙하는 사람이다.

▬ 성숙해야 하는 이유

교회는 영적 성숙을 구해야 한다. 특정한 위험은 미성숙에서 비롯되기 때문이다. 성숙하지 못한 사람은 "교만하여져서 마귀를 정죄하는 그 정죄에 빠질" 위험이 있다. 교만과 마귀를 정죄하는 그 정죄, 이 둘은 영적 초보자를 위협하는 매우 위험한 영적인 적이다.

교만하면, 자신을 남보다 높게 생각한다. 교만하면, 양 떼를 대하는 방식이 달라지고, 양 떼를 매몰차게 대하려는 유혹까지 받는다.

교만하면, 다른 지도자를 좀체 따르지 않으려 한다.

궁극적으로, 교만한 사람은 직분에 함몰되어 "마귀를 정죄하는 그 정죄"에 이르기 쉽다. 여기서 "마귀를 정죄하는 그 정죄"(the condemnation of the devil, ESV)는 (1) 마귀가 자신의 교만에 대해 받는 심판을 가리키거나 (2) 형제들을 정죄하길 좋아하는 마귀의 비방과 정죄를 가리킬 수 있다. 어느 쪽이든, 초신자에게 장로 직분을 맡긴다면, 그로 하여금 내부의 공격(교만)과 외부의 공격(심판)을 받게 하는 셈이다.

칼뱅은 이 문제를 이렇게 요약한다. "초신자는 성급한 열정과 무쌍한 용기를 갖췄을 뿐 아니라 구름 위라도 날 수 있다는 듯이 어리석은 자신감이 팽배하기도 하다. 따라서 시간이 흘러 교만이 수그러들 때까지 이들을 감독 자리에 앉히지 않는 데는 그럴 만한 이유가 있다."[30]

▬ 질문과 관찰

교만은 숱한 얼굴을 한다. 교만은 머리가 여럿인 괴물이다. 그러므로 교만과 미성숙을 진단하려면 빼어난 기술과 인내가 필요하다.

1) 장로 후보자가 언제 회심했는가? 새내기 그리스도인인가?

장로 후보자가 새내기 그리스도인이라면, 장로 직분을 맡을 자격이 없다. 그가 열정이 넘치고 섬기려는 갈망도 대단할는지 모른다.

그러나 새내기 그리스도인이라면, 지금은 경건한 삶을 훈련받는 게 더 낫다. 그에게 장로 직분을 맡길지는 나중에 생각해보라.

2) 회심한 지 꽤 지난 후보자라면, 영적으로 얼마나 성숙했는가?

영적 성숙을 살필 때, 장로 후보자가 몇 살인지, 그리스도인이 된 지 몇 년이나 됐는지를 생각해서는 안 된다. 후보자가 그리스도를 얼마나 분명하게 닮았는가?(빌 2:5-11) 성령 충만하게 살고, 성령의 열매를 맺는가?(갈 5:22-26) 다양한 상황에서 친절과 인내와 공감으로 반응하는가? 나이에 비해 훨씬 성숙한 젊은이인가? 이렇게 성숙한 사람이라면, 장로 후보로 고려해야 한다.

3) 장로 후보자가 어느 정도나 교만에 빠지는가?

장로 후보자가 자신의 교만을 아는 것 같은가, 전혀 모르는 것 같은가? 자신의 삶을 열어놓고 사람들에게 순복함으로써 그리스도인답게 교만과 싸우는가? 그 후보자가 장로 직분을 맡으면 오만해지거나 자신을 남보다 높이려는 유혹에 빠지리라는 증거가 있는가? 후보자가 다른 상황에서 리더십을 어떻게 발휘했는지 살펴보라. 후보자가 그 상황에서 교만했는가? 그가 고용한 직원이나 직장 동료들이 그를 겸손한 사람으로 보는가, 아니면 기만한 사람으로 보는가?

4) 교만한지 확인하는 방법이 있다. 영적 유혹과 위험 앞에서 지나친 자신감을 보이는지 알아보면 된다.

장로 후보자가 마귀의 고소나 유혹에 대해 경고를 받을 때, 경건한 염려를 내비치는지 자신의 능력과 힘을 과신하는지 살펴보라. 후보자가 자신은 자격 없다고 느끼며(고후 2:16), 하나님의 영적 보호가 필요하다고 생각하는가? 자신에게 영적 보호가 필요하다는 사실을 깨닫지 못하는 사람, 자신의 삶을 차근히 살피지 않는 사람은 이내 마음이 무뎌지고 마귀의 공격에 노출되기 쉽다.

5) 장로 후보자가 비판에 예민한가?

분명히 말하건대, 한 사람이 받는 비판이 모두 다 정확하거나 옳지는 않다. 그렇더라도, 애초에 비판을 깊이 생각하지 않으려 든다면, 그 비판이 옳은지 그른지 어떻게 알겠는가? 장로 후보자가 비판받을 때 유난히 자신을 변호하는가? 후보자가 의견이 불일치할 때 하나같이 반대 의견이라고 해석하는가? 교만은 이따금 타인의 비평이나 비판이나 고찰을 '덮어놓고 거부하는' 태도로 나타난다. 그러나 겸손하고 마음이 가난한 사람은 타인의 비평과 비판과 고찰을 성찰과 성장의 기회로 받아들인다.

6) 과연 그 장로 후보자가 자신과 견해가 다른 사람들에게 (특히 다른 장로들에게) 복종할 수 있을지 후보자를 비롯해 다른 사람들에게 물어보라.

장로 후보자가 자신과 의견이 다른 사람들에게 복종할 수 있는가? 장로 직분에서 아주 중요한 부분이다. 성경적으로 자격이 있고, 은사를 가졌으며, 성령이 충만하지만 이따금 같은 문제를 달리 생각하는 사람에게도 장로는 복종할 줄 알아야 한다. 그럴 일은 절대 없다고 생각한다면, 교만한 사람이다. 다른 장로들이 늘 자신에게 복종하리라고 생각한다면, 이 또한 교만한 사람이다. 후보자에게 기존 장로들이 성경적으로 자격이 있으며 합당하게 부르심을 받았다고 생각하는지 물어볼 만하다. 후보자가 그렇게 생각하지 않는다면, 다른 장로들에게 복종하고 그들의 사역을 지지하기 어렵다.

▬ 결론

믿을 만한 사람들을 찾을 때, 영적 성숙과 겸손의 중요성을 간과해서는 안 된다. 성숙과 겸손은 교회와 장로들을 사탄의 계략과 흉계로부터 보호하는 데 큰 역할을 한다.

18

어느 곳에서든
관계가 튼실한 사람

"또한 감독은 교회 밖의 사람들에게서도 존경을 받아야 합니다. 그래야 남에게
비난받지 않고, 마귀의 꾐임에도 빠지지 않을 수 있습니다."
디모데전서 3:7(쉬운성경)

각 교회와 그리스도인들이 가장 빈번하게 받는 비판이 무엇이라고
생각하는가? 다음 몇 가지 일반적 비판을 생각해보라.

- 교회가 (청소년 문제, 노숙자 문제 등) 현실 문제를 제대로 다루지 않는다.
- 교회와 그리스도인들은 마음이 열려 있지 않다. 교회와 그리스도인
  들은 시대를 거스르고 사람을 차별한다.
- 교회와 그리스도인들이, 특히 목사들이 돈을 밝힌다.
- 교회가 진리를 가졌다면, 왜 분파와 교단이 그렇게 많은가?
- 교회는 한물갔고 불필요하며, 그리스도인들은 사회에 위험하다.

- 교회와 그리스도인들은 재미없고 따분하며 흥을 깨고 죽은 사람 같다.
- 그리스도인들은 독선적이고 비열하다.
- 교회는 위선 덩어리다.

사실을 똑바로 보자. 이러한 비판의 다수는 정곡을 찌른다. 적어도 몇몇 교회와 스스로 그리스도인이라고 말하는 사람들에게 딱 들어맞는 비판이다.

- 독선적이고 비열한 그리스도인들이 **있다.**
- 사람보다 돈에 관심을 두는 목사들과 교회들이 **있다.**
- 마음이 강퍅하고 닫혔으며 과거에 집착할 뿐, 성경 진리를 동시대 사회에 적용하지 못하거나 적용하려 들지 않는 그리스도인들과 교회들이 **있다.**
- 그리스도인들은 상당히 호전적**이다.** 이따금 아주 하찮은 문제를 두고 서로 갈라진다.

이러한 비판을 덮어놓고 무시하는 것은 옳지 않다. 그렇다. 이렇게 비판하는 사람들 자신이 위선자일 법도 하다. 그러나 우리는 세상에 위선자가 있다고 **예상한다.** 문제는 이것이다. 우리 교회에도 이런 위선이 있는가? 우리를 비판하는 사람들이 이 부분을 지적함으로써 우리에게 도움을 주었을 수도 있다. 우리는 이들의 비판에 동의하는가? 동의한다면, 어떻게 해야 하는가?

마지막 자격 요건

사도 바울은 장로나 목사의 마지막 자격 요건을 제시한다. "또한 외인에게서도 선한 증거를 얻은 자라야 할지니 비방과 마귀의 올무에 빠질까 염려하라"(딤전 3:7).

불신자들이 우리를, 특히 장로 후보자들을 어떻게 생각하느냐는 실제로 매우 중요하다. 장로의 직분을 갈망하는 자는 교회 밖 사람들에게 좋은 평판을 받고 있어야 한다. 외부인들, 즉 비그리스도인들이 장로 후보자의 증언을 확증하거나 논박한다. 대부분의 경우, 외부인들의 견해는 긍정적이어야 한다. 중립적 견해로는 부족하다. 장로 후보자는 외부인들에게서 "선한 증거를 얻은 자"라야 하기 때문이다. 어떤 사람이 교회 내에서는 평판이 좋지만 비그리스도인들 사이에서는 평판이 형편없다면, 교회 사역을 위해 적합한 자격을 지니고 있지 않다.

이러한 자격 요건은 중요한 영적 의미를 내포한다. 밖에서 평판이 형편없다면(이것이 사실로 확인되었다면), 그 사람은 남에게 비방을 당하고(망신당하고) 마귀의 올무에 빠지기 십상이다. 자신이 이와 같기에, 각 교회의 증언에, 그리스도의 이름에, 예수 그리스도의 복음에 먹칠한 사람들이 얼마나 많은가? 택함을 받은 자들의 원수가 더없이 즐기는 일이 있다. 사람들이 악한 삶과 형편없는 평판 때문에 자기 칼에 엎드러지는 꼴을 보는 것이다.

그러나 성경은 장로 후보자가 바깥에서 평판이 좋다고 해서 그리스도께서 받으신 비방을 받지 않으리라고 말하지 않는다. 세상은 예수님을 미워했다. 따라서 세상은 그분의 제자들 또한 당연히 미워할 것이다(마 10:24-25). 사도들은 자신의 시대와 문화에서 "세상의 더러운 것"(새번역은 "세상의 쓰레기"로 번역했다 — 옮긴이주)이 되었다(고전 4:13). 그러니 그리스도를 부정하는 시대라면 언제든지, 경건한 자들이 세상의 더러운 것이 될 터이다. "무릇 그리스도 예수 안에서 경건하게 살고자 하는 자는 박해를 받으리라"(딤후 3:12). 그러므로 핵심 질문은 이것이다. 후보자가 그리스도 때문에 비방을 받는가, 아니면 자신의 인격과 생활 습관 때문에 사람들의 비방을 받는가?

장로는 복음을, 견실한 가르침에 부합되는 모든 것을 권해야 한다. 그리스도인의 원수들이라도 그리스도를 위해 선하게 사는 사람들 앞에서 자신의 악한 말에 부끄러움을 느껴야 한다(벧전 3:16). 우리는 하나님께 장로의 직분을 맡을 사람으로 이런 사람들을 구해야 한다.

━ 질문과 관찰

1) 장로 후보자가 교회 밖에서도 활동하는가?

장로 후보자는 세상의 소금이요 빛이어야 한다(마 5:13-14). 부분적으로, 이것은 후보자가 비그리스도인들과 어떤 관계를 유지하고, 지역 공동체에 어떻게 기여하느냐를 통해 드러난다. 후보자가 교회 밖 사람들과도 튼실한 관계를 유지하는가?

2) 비그리스도인 이웃과 직장 동료들은 그 후보자에 관해 뭐라고 말하는가?

외부인들이 그 장로 후보자를 어떻게 생각하는가? 외부인들은 후보자의 행동이 그리스도인답다고 말하는가, 그리스도인답지 않다고 말하는가? 외부인들은 후보자를 높이 평가하는가? 아니면, 후보자가 교회 지도자라는 얘기를 듣고 깜짝 놀라는가?

3) 외부인들의 견해가 정확하거나 부정확하다는 증거가 있는가?

교회가 비그리스도인들의 의견을 살피지 못하고 분별하지 않은 채 무턱대고 받아들이는 것이 바울의 의도는 아니다. 바울은 타인의 판단이 사실 무근이고 자신의 충성이 뚜렷이 드러나는 부분에서는 타인의 판단을 받으려 하지 않았다(고전 4:1-4). 마찬가지로, 교회는 교회 지도자들에 관한 외부인들의 의견을 무시해서도 안 되지만 한 사람에 대한 비난을 무분별하게 받아들여서도 안 된다. 모든 자격 요건을 대할 때처럼, 우리 시대의 장로와 교회는 끈기 있는 분별력이 필요하다.

결론

부목자로 그리스도를 섬기라는 것은 고귀한 소명이다. 교회에서 모든 사람이 다 지도자의 자리에 오르지는 않는다. 소명을 받은 사람들은 삶의 모든 부분에서 양 떼의 본이어야 한다(딤전 4:12). 이들은 그리스도와 복음을 모두에게 전하며 교회 안팎에서 헌신적인 신앙

의 본보기여야 한다. 그러나 잘 가르치는 능력을 제외하면, 디모데
전서 3장이 말하는 자격 요건은 모든 그리스도인이 하나님의 은혜
와 성령의 역사를 통해 점점 더 갖춰야 하는 성품이다.

"주님, 우리 교회를 이끌 뿐 아니라 성령의 열매를 맺는 충성되
고 믿을 만한 일꾼들을 우리에게 기쁘게 허락해주십시오."

3부

충성된 지도자로 살아가기

— 선한 목사와 장로는 어떻게 행하는가?

저자는 이 책에서 목사, 감독, 주교, 장로를 같은 의미로 사용한다. 특히 3부는 이 점을 염두에 두고 읽기 바란다 — 옮긴이주.

19

막대기를 휘둘러
이리를 쫓아낸다

"미쁜 말씀의 가르침을 그대로 지켜야 하리니 이는 능히 바른 교훈으로 권면하
고 거슬러 말하는 자들을 책망하게 하려 함이라" 디도서 1:9

나는 지금까지 세 교회에서 장로나 목사로 섬겼고, 나인마크스 사
역을 통해 수백 명의 목사를 만나 이야기를 나누었다. 내가 담임목
사로 섬기기는 지금 이 교회가 처음이다.

담임목사는 기본적으로 부목사나 평신도 지도자와 같은 일을 한
다. 설교하고, 가르치며, 상담하고, 기도하며, 손대접하고, 본을 보
이며, 격려하고, 꾸짖는 등 여러 일을 한다. 다른 한편으로, 담임목
사는 다른 리더십을 요구받는다. 결정, 조언, 방향 설정을 바라는
더 많은 문제가 내 책상에 밀려온다. 사람들은 내 사무실 문에서
"최종 결정은 여기서!"라는 팻말을 보는 것 같다. 이것은 나를 끊임

없이 일깨운다. 나는 구원자가 아니며, 나 자신의 한계들을, 이제 교인들에게 더욱 눈에 띄게 드러나고 더욱 영향을 크게 미치는 한계들을 알아야 한다는 것이다.

어떤 그리스도인들은 성경이 목사나 장로의 통상적인 일과 의무를 거의 말하지 않는다고 생각한다. 많은 사람들이 사도행전 6장에 나오는 사도들을 말하면서 장로의 역할을 가르치기와 기도하기로 제한한다. 그러나 하나님이 목회서신에서 주신 가르침을 간과한다면, 심각한 오류에 빠지는 셈이다. 목회서신은 새내기 목자와 노련한 목자 모두를 위한 하나님의 가르침이 담긴 보물 상자다. 바울은 디모데전서 4장을 이렇게 시작한다.

> 그러나 성령이 밝히 말씀하시기를 후일에 어떤 사람들이 믿음에서 떠나 미혹하는 영과 귀신의 가르침을 따르리라 하셨으니 자기 양심이 화인을 맞아서 외식함으로 거짓말하는 자들이라 혼인을 금하고 어떤 음식물은 먹지 말라고 할 터이나 음식물은 하나님이 지으신 바니 믿는 자들과 진리를 아는 자들이 감사함으로 받을 것이니라 …**네가 이것으로 형제를 깨우치면** 그리스도 예수의 좋은 일꾼이 되어 **믿음의 말씀과 네가 따르는 좋은 교훈으로 양육을 받으리라**(딤전 4:1-3, 6).

3장에서 바울은 교회 직분자들의 자격 요건을 열거한다. 그리고 이런 요건을 열거한 목적을 디모데가 "하나님의 집에서 어떻게 행하여야 할지를 알게 하려 함"이며, 하나님의 집은 "살아 계신 하나님의 교회요 진리의 기둥과 터니라"라고 말한다(15절). 그런 후에 먼저 거짓 선생의 문제를 다룬다.

디모데는, 그리고 선한 사역자가 되길 갈망하는 모든 장로는 속이는 영들과 귀신들의 가르침과 거짓말쟁이들의 불성실에 관한 교훈으로 형제를 깨우쳐야 한다. 이것들은 심각한 문제다. "어떤 사람들이 믿음에서 떠나" 악한 영들과 그들의 속임수에 넘어갈 것이다. 이들의 거짓말이 영혼을 유린할 것이다. 바꾸어 말하면, 목사들은 원수가 진영을 침입해 배도자들을 꾀어 고통과 죽음에 이르게 하고 있음을 반드시 깨달아야 한다.

주목하라. 사도 바울은 거짓 가르침을 학문적 문제가 아니라 목회 문제로 다룬다. 그는 사람들을 추측, 주장, 서로 동등한 입장을 두고 벌어지는 무미건조한 논쟁에 참여시키는 일에 전혀 관심이 없다. 생각에는 결과가 따른다. 디모데전서 4장은 회중이 속이는 영들과 귀신들의 가르침에 빠지면 원수가 진영을 침입해 배도자들을 꾀어 고통과 죽음에 이르게 하는 일을 당하게 되리라고 말한다.

무서운 일이다! 우리가 사랑하며 믿음 안에서 형제자매로 받아들인 사람들이 머지않아 영적 어둠의 세력에게 먹힐지 모른다. 상황이 이렇게 안타까운 쪽으로 흐르더라도 놀라지 말아야 한다. 오히려 이런 흐름에 맞서고, 이런 일이 일어나면 깊이 슬퍼해야 한다. 영혼을 위협하는 속임수와 오류로부터 우리에게 맡겨진 사람들을 보호하는 일이야말로 목회와 가장 관련이 깊다.

선한 목사나 장로는 무엇을 해야 하는가? 사람들에게 거짓에 관해 가르쳐야 한다. "미쁜 말씀의 가르침을 그대로 지켜야 하리니 이는 능히 바른 교훈으로 권면하고 거슬러 말하는 자들을 책망하게

하려 함이라"(딛 1:9). 내가 믿기로, 이 구절은 목사의 일과 몇 가지
연관되어 있다.

━ 잘못을 논박하려면 무엇이 필요한가?

1) 선한 목사는 양 떼가 누구에게, 무엇에 귀를 기울이고, 거기에 어느 정도
나 몰두하는지 알아야 한다.

속이는 영들은 인간적인 수단으로 일하며, 빛의 천사로 가장한다
(고후 11:11-13). 따라서 목사는 사람들을 독려해 진정으로 경건하고
신학적으로 건전한 선생들에게 배우게 해야 한다.

교인들이 어느 저자들의 책을 많이 읽으며, 그 저자들은 신학적
으로 어떤 입장을 고수하는가? 이들 선생들이 진정한 경건을 보이
며, 설교와 삶에서 복음을 우선순위에 두는가? 교인들이 특정한 가
르침에 몰두한다면, 그 가르침에 얼마나 많은 시간을 쏟는가? 삶에
서 그 가르침을 근거로 어떤 결정을 내리는가? 이 선생들이 영향력
과 권위를 두고 지역 교회 장로들과 경쟁하는가? 더 중요한 것은,
교인들 중에 이런 선생들의 영향을 받아 믿음을 노골적으로 거부
하는 사람들이 있는가? 이런 교인들에게 거짓되고 불건전한 신앙
의 오류와 그 결과를, 사랑으로 단호하게 알려주었는가?

목사는 "바른 교훈으로 권면"해야 하고, 바른 교훈을 "거슬러 말
하는 자들을 책망해야" 한다. 바울은 그레데 교회의 선생들을 염두
에 두었을 것이다. 그러나 우리 시대에, 이들은 전자 매체와 인쇄

매체를 통해 들어올 가능성이 더 높으며, 따라서 목사의 일도 좀 더 힘들어진다.

2) 선한 목사는 주저 없이 거짓을 밝혀내고 교인들에게 거짓을 피하라고 해야 한다.

그리스도인들은 지나치게 공손하기 쉽다. 일반적으로, 우리는 잘못된 것들에 대해 공손하다. 우리는 교리 문제와 관련해서는 큰 관용과 자유가 중요하지만 논란이 되는 사회적·공적 정책 문제와 관련해서는 딱 부러짐과 단호함이 요구된다고 생각하는 경향이 있다.

우리는 정치인들에 대해서는 '실명을 거론하길' 좋아하지만, 목회자나 설교자에 대해서는 그러길 꺼린다. 삼위일체를 부정하는 사람에 대해서는 학문적 자유의 문제이고 개인적 해석의 문제이니 그럴 수도 있다고 하면서, 세금을 제대로 내지 않은 사람에게는 뭇매를 때릴 준비가 되어 있는 것이다. 바울은 우리에게 지긋지긋한 이단 사설들로 분리를 조장하는 자들을 "살피고"(경계하고) "피하라"(떠나라)고 말한다(롬 16:17-18; 갈 1:6-7; 엡 4:14; 딛 3:10-11). 거짓을 밝혀내고, 거짓을 퍼뜨리는 자들을 밝혀낸다는 뜻이다.

목사는 이 부분에서 용기가 필요하다. 모든 설교가 어떤 선생이나 가르침에 대한 한탄이거나 장광설일 필요는 없다. 사실, 대부분의 설교는 그러면 안 된다. 그러나 이 문제가 중요할 때, 중요한 곳에서라면, 목자는 막대기를 휘둘러 이리를 쫓아내야 한다.

3) 목사는 거짓 선생들과 거짓 가르침이 귀신에게서 비롯되었음이 분명하게

드러났는데도 이를 대수롭지 않게 여김으로써 사도의 진지한 가르침을 약화시켜서는 안 된다.

때로 지도자들이 마귀와 악한 영들에 대해 말하는 것을 지나치게 거북해하기도 한다. 과학만능주의(scientism) 신봉자들이 우리더러 과거 지향적이고 몽매하다고 말한다. 그러나 하나님의 말씀은 사탄, 곧 형제들을 참소하는 자가 이러한 악의 근원이라고 훤히 밝혀준다. 우리가 사탄이 존재하지 않는 척한다면, 아무에게도 도움이 되지 않는다. 사탄은 존재한다. 사탄은 자신의 계략을 모르는 자들을 사정없이 공격한다. "우리의 씨름은 혈과 육을 상대하는 것이 아니요 통치자들과 권세들과 이 어둠의 세상 주관자들과 하늘에 있는 악의 영들을 상대함이라"(엡 6:12).

4) 목사는 교인들이 하나님의 말씀으로 양심을 훈련하도록 도와야 한다.

디모데전서 4장이 말하는 거짓 선생들의 주된 특징은 화인 맞은 양심, 경건과 선을 모르는 양심이다. 우리의 양 떼는 양심에 화인을 맞지 말아야 할 뿐 아니라 자신들이 귀 기울이는 선생들에게서 화인 맞은 양심을 찾아내는 법을 배워야 한다.

유다서는 이런 선생들을 꽤 훌륭하게 폭로하고, 이들이 외설적이고, 권위를 부정하며, 성적으로 부도덕하고, 육신의 생각을 품으며, 스스로 부패하고, 돈에 주리며, 정욕이 가득하고, 아첨하며, 비방하고, 분열을 일으키며, 경건하지 못하다고 말한다. 우리의 양 떼는 이들의 속성을 알아채야 한다. 그래야 탐욕스러운 이리로부터 안전할 수 있다(행 20:27-28). 주님은 은사를 갖춘 사람들을 교회에 보내

교훈하고, 바로잡으며, 훈련하고, 이런 분별력을 정확하게 가르치게 하시며, 충성된 장로들이 없을 때라도 교회가 이런 이리 떼를 찾아내는 법을 알도록 돕게 하신다.

바울은 "이것으로 형제를 깨우치라"라고 말한다. 다시 말해 사람들에게, 그 (거짓) 가르침이 손 닿는 곳에 자리한 물리적이며 만져지는 대상처럼 느껴진다고 아주 분명하게 가르치라는 것이다. 선한 목사는 "믿음의 말씀으로… 양육[훈련]을 받고" 좋은 교훈(good doctrine)을 따름으로써 이렇게 한다. 목사가 "바른 말"을 따라 생각하고 믿고 살 때, 그의 양 떼는 활기찬 믿음의 산 증거를 보게 된다 (딤후 1:13).

5) 선한 목사는 주님이 자신과 자신의 사람들을 진리로 거룩하게 하시도록 기도해야 한다.

목사가 이렇게 한다면, 가능한 가장 훌륭한 본을 따르는 셈이다. 목자장께서 대제사장의 기도에서 진리로 거룩하게 되길 기도하셨다. "내가 비옵는 것은 그들을 세상에서 데려가시기를 위함이 아니요 다만 악에 빠지지 않게 보전하시기를 위함이니이다 내가 세상에 속하지 아니함같이 그들도 세상에 속하지 아니하였사옵나이다 그들을 진리로 거룩하게 하옵소서 아버지의 말씀은 진리니이다 …또 그들을 위하여 내가 나를 거룩하게 하오니 이는 그들도 진리로 거룩함을 얻게 하려 함이니이다"(요 17:15-17, 19). 로버트 머레이 맥체인은 자신이 돌보는 사람들이 자신에게서 그 무엇도 아닌 거룩함을 필요로 한다고 결론지었다. 맥체인은 예수님의 마음을 어느 정도 파악한 듯하다. 예수님은 제자들을 위해 자신을 거룩하게 하셨다. 제자들이 진리로 거룩해지게 하기 위해서였다. 예수님이 염두에 두신 거룩하게 하는 진리는 하나님의 말씀이었다. 주님은 "아버지의 말씀은 진리니이다"라고 하셨다(요 17:17). 그러므로 목자장을 따르는 부목자들도 자신과 자신이 돌보는 사람들이 말씀으로 거룩하게 되길 기도해야 한다.

━ 결론

오류에 생각이 지나치게 매인 나머지, 진리를 전하지 못할 위험이 있다. 우리의 설교는 최신 오류나 우리 시대가 선호하는 신학적 흐름에 대한 성토가 되어서는 안 된다. 그렇다고, 복음이 하나의 신학적 선택일 뿐이라고 가르쳐서도 안 된다. 대신에 우리는 주의 깊게 구별하고, 큰 오류와 미세한 오류 둘 다 염두에 두어야 한다. 한편으로, 우리는 그리스도의 복음을 비기독교 사상을 뛰어넘어, 그 사상들을 거슬러 제시해야 한다. 다른 한편으로, 우리는 복음과 유사복음의 미묘한 차이도 제시해야 한다. 신약성경의 거의 모든 책이 거짓 가르침과 거짓 선생들에 관해 경고하며, 이런 교사들과 가르침은 하나님의 백성과 하나님의 원수들 사이에서 끊임없이 계속되는 전투의 일부라고 분명하게 밝힌다. 선한 목사는 이런 부분을 양 떼에게 가르치고, 양 떼가 속이는 영들과 귀신들의 가르침이 아니라 그리스도와 진리에 전념하도록 싸움을 계속한다.

20

신화와 실없는 이야기의
무덤이 된다

"망령되고 허탄한 신화를 버리고 경건에 이르도록 네 자신을 연단하라"
디모데전서 4:7

디모데전서 4장 7절에서 사도 바울은 분명한 대조를 제시한다. 바울은 젊은 디모데에게 "망령되고 허탄한 신화"를 완전히 버리라고 교훈한다. 다른 한편으로, 바울은 젊은 디모데에게 "경건에 이르도록 네 자신을 연단[훈련]하라"라고 교훈한다.

《ESV성경》(*English Standard Version*)에서 "신화"(myths)로 번역된 단어는《KJV성경》같은 오래된 번역 성경들에서는 "실없는 이야기"(old wives's fables)로 번역되었다. 이 구절에서 바울은 나이나 여성을 경멸적으로 말하는 것이 아니다. 오히려 이 단어는 가르침이나 교훈을 위해 사용되는, 사실이 아니며 비역사적인 이야기나 우화를 가리킨다. 신약성경은 이 단어를 사용할 때마다 거짓 이야기, 거짓말, 가식, 즉 사람들에게 해를 끼치는 위험하고 잘못된 사상을 지칭한다. 여기서 사도는 속이기 위해 사용되는 신화와 이야기를 경고한다.

디모데는, 그리고 선한 장로는, 이런 신화를 조금이라도 가까이 해서는 안 된다. 들어달라고 간청하는 그 어떤 신화라도 단호히 거부해야 한다.

▬ 신화를 피하려면 어떻게 해야 하는가?

1) 선한 목사에게는 진실한 대화 상대가 꼭 있어야 한다.

목사는 자기 삶의 상당 부분을 자신의 생각 속에서 산다. 따라서 목사는 자기 생각의 테이프를 거듭 되감아 듣고 또 들으면서 자신에게 귀 기울이는 데 그치지 말고, 자신의 생각을 평가하고 바꾸는 데까지 나아가야 한다. 선한 목자는 우화(이야기)가 아니라 진리를 꾸준히 먹어야 한다. 가장 확실한 방법은 성경에 전념하고 성경을 집중적으로 연구하는 것이다. 성경에 영원한 진리가 보존되고 계시되기 때문이다. 그러나 목사는 경건한 성도들이 쓴, 견실하고 시간의 검증을 거친 고전도 적극 읽고, 이것을 늘 성경의 빛에 비춰보아야 한다.

2) 선한 목사는 신화와 꾸며낸 이야기를 멀리해야 한다.

목사는 어떤 형태든 간에 거짓말, 험담, 반쪽짜리 진실, 빈정거

림, 과장, 윤색, 더러운 말, 뜬소문, 고자질, 비방을 일절 거부해야 한다. 그리스도인들이 이런 부분에서 이따금 비그리스도인들을 닮는다. 바울은 혀로 짓는 죄를 자주 경고한다. 이것으로 볼 때, 바울은 틀림없이 이런 경험을 자주 했을 것이다(엡 4:25, 31; 5:4; 딤전 3:11). 우리의 성별(聖別)에는 뒷담화를 멀리하는 일도 포함된다. 목사의 귀는 신화와 실없는 이야기의 무덤이어야 한다. 그러지 않으면, 찰스 스펄전이 지적하듯이, 목사나 장로의 사역은 비틀거린다.

> 신학교를 갓 졸업한 젊은 목회자가 어느 파벌의 환심에 놀아나고, 친절과 아첨에 혹해 편향적 목회자가 되며, 결국 절반의 교인들과 함께 망하게 된다면 더없이 어리석은 일입니다. 파당과 파벌은 알려고 들지도 마십시오. 모든 양 떼의 목자가 되고, 모든 양 떼를 똑같이 보살피십시오. 화평케 하는 자는 복이 있으며, 화평케 하는 확실한 방법은 분쟁의 불길을 그냥 두는 것입니다. 부채질을 하지도 말고, 휘젓지도 말며, 기름을 끼얹지도 마십시오. 저절로 꺼지게 내버려두십시오. 한쪽 눈은 감고 한쪽 귀는 막고 목회를 시작하십시오.[31]

3) 선한 목사는 양 떼의 비밀을 발설해서는 안 된다.

목사는 진실하다고 믿을 만해야 한다. 목사는 사역 및 교회와 관련된 어떤 정보를, 언제, 얼마나, 누구와 나눠야 할지 매우 신중하게 결정해야 한다. 목사가 비밀스럽게 살아야 한다거나, 정신과 의사나 세상 상담자처럼 비밀을 완벽히 지키겠다고 맹세해야 한다는 뜻이 아니다. 목사는 통찰력을 가지고 있어야 한다. 그들의 영혼이 자신의 보살핌 가운데 있고, 자기 손에 의해 그들의 평판이 좌우되기도 하며, 자신이 사실대로 정확히 말해도 전달 과정에서 그 말이 훼손되기도 한다는 것을 알아야 한다는 뜻이다. 선한 목사는 죄와 불법 행위에 관해서 비밀을 지키겠다고 약속하지 않는다. 그러나 목사는 이리저리 말을 옮겨 갈등을 조장해서도 안 된다(잠 22:10).

목사의 일은 무엇보다도 말과 관련이 있다. 그러므로 목사는 험담의 유혹이 얼마나 큰지 깨달아야 한다. 목사라면, 과연 자신이 비밀을 누설하지는 않았는지, 어떤 신화나 실없는 이야기를 말하지는 않았는지, 정밀한 정보를 지나치게 공유하지는 않았는지 동료 장로들에게 정기적으로 물어봐야 한다. 목사는 이 부분에서 책임감이 필요하다.

4) 선한 목사는 오류를 뿌리까지 추적한다.

다음은 조나단 에드워즈의 결심 가운데 스물네 번째 항목이다. "나는 현저히 악한 행동을 했을 때마다, 근본 원인에 이를 때까지 그 원인을 추적하겠다. 그런 다음, 더는 그런 행동을 하지 않도록 신중하게 노력하고, 또한 그 행동의 원인에 맞서 힘써 싸우며 기도하겠다."[32] 우리는 자기 삶의 오류를 점검할 때 이렇게 물어야 한다. "이 오류가 실없는 이야기나 신화에서 비롯되었는가, 진리를 잘못 적용한 데서 비롯되었는가?" 그리고 이 부분에서 우리의 마음을 새롭게 하는 데 에너지를 쏟아야 한다. 그래야 우리의 생각이 점점 깨끗해지기 때문이다.

경건에 이르는 몇 단계 훈련

바울은 디모데에게 허탄한 신화에 넘어가지 말고, 경건에 이르도록 연단하라고 교훈한다. **경건**은 그리스도인들 사이에서 회복되어야 하는 단어다. 더욱이 진정한 경건, 하나님을 향한 진정한 헌신이나 독실함이 되살아나고 확산되어야 한다. 경건은 참된 성경적 종교, 성령께서 주신 사랑, 곧 구주를 향한 사랑에서 생기를 얻는 독실하고 도덕적으로 선한 삶이다.

디모데에게 쓴 편지에서 사도 바울은 "경건"이란 단어를 모두 네 차례 사용한다. 각각의 예는 경건해지려는 노력을 생각해보는 유익한 방법을 보여준다. 나머지 세 단락을 살펴보면 알듯이, 우리는 다음 셋을 따름으로써 경건을 추구할 수 있다.

1) 세상 권세와 지도자를 위해 기도하라.

"그러므로 내가 첫째로 권하노니 모든 사람을 위하여 간구와 기도와 도고와 감사를 하되 임금들과 높은 지위에 있는 모든 사람을 위하여 하라 이는 우리가 모든 경건과 단정함으로 고요하고 평안한 생활을 하려 함이라"(딤전 2:1-2). 우리가 권세자들을 위해 드리는 기도는 실제로 우리의 자유와 경건하게 사는 능력에 영향을 미친다. 이 시대의 통치자와 정부가 우리의 경건을 방해한다고 믿기 쉽다. 그러나 그 반대의 가능성도 있다. 성도들이 권세자들을 위해 효과적으로 기도할 때, 하나님의 은혜로, 경건이 성해지는 환경이 조성된다.

2) 참된 경건과 만족을 결합하라.

바울은 "자족하는 마음이 있으면 경건은 큰 이익이 된다"고 말한다(딤전 6:6). 경건이 "큰 이익"을 얻기 위한 방법론의 절반을 구성한다. 경건을 기를 때, 만족도 길러야 한다. 진정한 만족이 없다면, 지속적인 경건은 상상하기 어렵다. 만족이 없으면, 불만, 투덜거림, 불평이 마침내 경건의 이익을 침식한다. 목사로서 우리는 참된 경건과 하나님을 향한 사랑을 하나님의 공급에 대한 만족과 결합시켜 이러한 침식을 막아야 한다.

3) 박해를 예상하라(딤후 3:12).

그리스도 예수 안에서 경건하게 살려는 사람은 너나없이 박해를 겪는다. 그리스도인의 삶에서 고난은 엄연한 현실이다. 경건은 그리스도인을 세상과 확연히 구분해준다. 그러기에 경건하게 살면, 교회 안에서는 압력이 교회 밖에서는 박해가 자연스럽게 뒤따른다. 우리는 박해 앞에서 움츠리지 않음으로써 스스로 경건을 훈련한다. 목사로서 우리는 꼭 기억해야 한다. 우리는 구주께서 받으신 대우보다 더 나은 대우를 받을 자격이 없다. 구주께서 조롱을 당하고, 매 맞고, 저주를 받으셨다. 그렇다면, 그분을 따르는 우리가 그분보다 더 나은 대우를 기대해야 할 까닭이 있겠는가?(마 10:24-25)

우리는 박해를 예상하더라도, 주님이 경건한 자들을 시험에서 건질 것(벧후 2:9)을 꼭 기억해야 한다. 경건에 이르는 훈련에는 그 누구도 우리를 아버지의 손에서 끊지 못한다는 완전한 확신을 품고 박해를 준비하는 자세도 포함된다(요 10:28-29). 우리는 몸밖에 죽이지 못하는 자들을 두려워하지 않는다. 몸과 영혼을 지옥에 멸하실 수 있는 분을 두려워한다(마 10:28). 우리는 "죽기까지 자기들의[우리들의] 생명을 아끼지 아니"한다(계 12:11). 이런 태도가 경건을 낳는다.

▬ 결론

허탄한 신화와 실없는 이야기는 이생, 그것도 이생의 가장 하찮은 부분에 초점을 맞춘다. 이런 신화와 이야기는 우리가 땅에 지나치게 마음을 쓰고 천국을 향하지 못하게 한다. 주님의 부목자들은 더 나은 생각을 가져야 한다. 우리의 생각을 천국 생활에 적합한 것들로 채워야 한다.

21

자신의 노력을 신뢰하는
덫을 피한다

―――

"…우리 소망을 살아 계신 하나님께 둠이니…" 디모데전서 4:10

―――

목사들은 자신의 힘과 지혜로 목회하려는 유혹을 끈질기게 받는다. 목사들은 숱한 상황에서 힘과 영적 용기를 갖춘 사람이 되고, 이러한 힘과 용기가 자기 노력의 문제라고 믿도록 요구받는다. 목사들은 목표를 향해 거침없이 밀어붙일 만한 의지력을 발휘하는 자기 모습을 상상하기도 한다.

그러나 바울 서신에 나오는 이 짧은 구절 앞에서, 모든 목사는 한 가지 질문에 맞닥뜨린다. 우리는 지금껏 어디에 소망을 두었는가?

이따금 우리는 자신의 연구와 준비에 소망을 둔다. 읽은 책과 그 책에 담긴 설득력 있는 논증에 소망을 둔다. 이따금 우리는 관계,

자신이 그리스도의 몸에서 다른 지체들과 나누는 공감대에 소망을 둔다. 우리는 자신의 분명한 표현에, 현명한 조언에, 좋은 설교에 소망을 둔다. 일이 술술 잘 풀릴 때, 사람들이 우리의 공연에 즐거운 표정을 지을 때, 우리의 소망은 솟구친다.[33]

이 모든 소망은 하나같이 치명적인 유혹이다! 이 모든 소망은 스러지고, 약해지며, 실망스럽다.

삶과 사역에서, 변치 않는 소망을 어디서 찾을 수 있는가? 확실하고 변하지 않는 소망의 반석은 단 하나, 살아 계신 하나님, "모든 사람 특히 믿는 자들의 구주"뿐이다(딤전 4:10).

▬ 하나님께 소망을 둘 때 자유롭다

자신의 모든 일에서 선한 목사는 하나의 덫을 피한다. 바로 자신의 노력을 신뢰하는 덫이다. 바울의 목회관에서 보듯이, 자신이 아니라 살아 계신 하나님께 소망을 둘 때, 선한 목사는 활력과 힘을 얻는다. 목사의 소망은 하나님께 있으며, 목사는 하나님에게서 힘을 얻는다. 선한 목사는 주님이 자신의 분깃이고, 피난처이며, 깃발이고, 견고한 망대이며, 방패다. 날마다, 순간마다, 선한 목사는 살아 계신 하나님께 달려간다.

선한 목사는 자신의 연구나 준비 때문에 구주가 흐릿해 보이게 해서는 안 된다. 선한 목사는 사람들에게 감동을 주기 위해서가 아니라, 십자가 죽음을 통해 낮아지고 부활을 통해 영화로워지신 예수님을 보기 위해 연구해야 한다. 선한 목사는 믿음으로 말씀을 펼치고, 살아 계신 하나님이 자신을 찾는 자들에게 상 주신다고 믿어야 한다(마 6:33; 히 11:6). 선한 목사는 귀 기울이기 위해, 즉 죽은 말이 아니라 자신의 말씀을 통해 늘 말씀하시는 살아 계신 하나님께 귀 기울이기 위해 성경을 펼쳐야 한다. 선한 목사가 연구하는 목적은 가르치기 위해서다. 성령께서 자신의 가르침을 통해 모든 사람으로 주인의 음성에 귀 기울이게 하시기 위해서다. 목사는 설교를 준비하기 전에 반드시 인식해야 한다. 자신은 목자장의 음성을 들어야 하는 한 마리 양에 지나지 않는다는 것을(요 10:3-4, 14-16). 목사의 연구와 준비는 최고로 헌신적이어야 한다. 우리의 연구는 우리가 살아 계신 하나님께 소망을 두고 있음을 보여주는가?

우리의 소망을 살아 계신 하나님께 둔다는 말은, 살아 있는 인격적 관계에서 진정한 소망을 찾는다는 뜻이다. 우리는 분명히 회중과의 관계에서 힘을 얻고 소망을 발견한다. 그러나 선한 목사는 무엇보다도 하나님과의 교제를 돈독히 해야 한다.

교회에서 우리의 관계는 하나님을 더욱 소망하도록 독려하는 관계인가, 사람을 의지하게 하는 관계인가? 우리는 사람들을 살아 계신 하나님께로, 그들이 소망을 두어야 하는 분께로 향하게 하는 격려의 사람들인가? 사람들은 우리의 설교를 들을 때, 자신들을 결코 떠나지도 않고 버리지도 않으실 살아 계신 하나님께 소망을 두었다고 생각하는가, 사람이 만들어낸 도구와 기술과 치료법에 소망을 두어야겠다고 생각하는가? 삶 전반에서 우리는 진정한 소망이 어디에 있는지를 늘 보여주어야 한다. 우리의 소망은 예수님께 있다.

이런 소망은 우리에게 큰 자유를 준다. 하나님께 소망을 두면, 목자는 거짓 소망을 품고 자신을 의지하려는 유혹에서 해방된다. 하나님께 소망을 두면, 자신의 지혜와 노력으로 모든 문제를 해결해야 한다는 '구원자 콤플렉스'에서 해방된다. 하나님께 소망을 두면, 모두를 기쁘게 하려 애쓰는 고된 노역에서 해방된다. 하나님께 소망을 두면, '성공'이나 '실적' 신드롬에서 해방된다. 그리스도께서 우리를 자유하게 하려고 우리에게 자유를 주셨다(갈 5:1). 그 자유의 유일하고 안전한 기초는 그리스도 안에 있는 소망이다. 그리스도 예수께서 목사를 구원하셨다. 그러므로 다른 사람들도 그리스도 예수께서 구원하셔야 한다. 그리스도께서 목자에게 참소망을 주셨다. 그러기에 목자의 양 떼에게도 그리스도께서 참소망을 주셔야 한다.

선한 목사가 되려면, 자신이 돌보는 사람들에게 단순하지만 심오한 진리를 일깨워야 한다. "우리 소망을 살아 계신 하나님께 둠이니"(딤전 4:10). 이 구절을 상세히 해석해야 한다. 구주를 깊이 신뢰하는 사람들의 실제 생활을 통해 해석해야 한다. 선한 목사의 삶이 이러한 해석이어야 한다. 선한 목사는 생명의 주인이자 생명이신 그분, 영생을 주시는 분, 살아 계신 하나님, 우리 주 예수 그리스도께 소망을 둔(과거시제) 자로서 살아야 한다.

잠시 멈추어 생각하라. 당신은 어디에 소망을 두는가?

22

권위 있게 가르친다

"너는 이것들을 명하고 가르치라" 디모데전서 4:11

샤론은 키가 145센티미터였다. 전문가답게 옷을 입고 부드러운 목소리로 말했다. 두 자녀를 둔 중년의 아주머니이며, 집안 살림을 즐기는 주부였다. 하지만 사람들은 샤론을 함부로 대하지 않았다. 샤론은 남들이 자신을 우습게 아는 것을 가볍게 여기지 않았다. 그래서 사람들은 샤론 앞에서 늘 자세를 똑바로 해야 했다.

나는 거의 1년을 샤론과 함께 일한 후에야 샤론이 여러 해 보안관으로 근무했던 것을 알았다. 샤론은 이렇게 설명했다. "모든 보안관 후보생은 명령 자세를 배우는데, 많은 경우 명령 자세는 시민들에게 보안관의 권위를 존중하라고 가르치는 효과가 있어요." 보안관이 명령하는 것은, 이미 보안관의 명령 자세가 내포하는 의미를 말로 표현하는 것일 뿐이었다.

디모데전서 4장 11절에서 바울은 젊은, 어쩌면 소심한 디모데에게 강한 어조로 말한다. 디모데가 그리스도의 선한 종이 되려면, 반드시 "명하고 가르쳐야" 한다고.

명하다(command)라는 단어는 금세 현대인의 귀에 거슬린다. 우리 문화는 권위에, 특히 힘으로 확실하게 행사되는 권위에 반발한다. 우리는 일이 잘되게 하거나, 합의를 이뤄내거나, 동기를 부여하는 지도자를 선호한다. 이런 형태의 리더십은 나름대로 가치가 있다. 지혜로운 지도자는 언제 부드러운 접근이 최선이고, 언제 일을 맡기는 게 좋으며, 언제 합의를 이뤄내야 하는지 안다.

그러나 디모데전서 4장 11절에서 사도 바울은 이와는 다른 어조로 디모데에게 말한다. "이것들을 명하라." 디모데가 회중에게 하는 말은 권위가 있어야 한다.

▬ 신약성경의 명령은 어떤 모습인가?

예수님은 그리스도인들이 서로 주관하는 자세(새번역은 "군림하는 자세"로 번역했다—옮긴이주)를 취해서는 안 된다고 하셨다(눅 22:25-26). 바울이 디모데에게 이러한 예수님의 말씀을 거슬러 말하는 것은 아니다. 바울의 말은 디모데가 교회에 작은 독재 권력을 세우고 철권통치를 해야 한다는 뜻이 아니다.

그러나 선한 지도자는 권위를 행사한다. 선한 지도자는 이것저것을 명한다. 예수 그리스도께서는 서기관처럼 가르치지 않고, 권위 있는 자처럼 가르치셨다(막 1:22). 주님의 본을 따라, 충성된 목사도 이것저것을 명해야 한다. 충성된 목사는 두려워 담장에서 담장으로 풀쩍 건너뛰지 못하는 순둥이 고양이처럼 가르치지 말고, 권위 있게 가르쳐야 한다. 선한 목사는 맑고 분명한 소리를 내야 한다.

그러나 명령하는 능력은 그 뿌리가 목사에게 있지 않다. 목사의 달란트와 능력이 그의 권위를 떠받치는 기초가 아니다. 목사의 도덕적 우월성도 그의 권위를 떠받치는 기반이 아니다. 하나님의 말씀이 목사의 권위를 떠받치는 유일하고 부족함이 없는 기반이다.

바울은 이것을 알았다. 바울은 데살로니가 교회에 이렇게 편지했다. "우리가 **주 예수의 권위로** 여러분에게 무슨 교훈을 주었는지 여러분이 알기 때문입니다"(살전 4:12, NIV). 선한 목사는 이것저것을 명할 때 자신이 명령권자가 아님을 명심해야 한다. 자신은 전달자요 본보기일 뿐이다. 전달하고 이행해야 할 명령은 그의 것이 아니다. 명령은 틀림없이 주님에게서 받은 것이어야 한다. 이런 까닭에, 바울의 교훈에서 "[그리고] 가르치라"라는 부분이 매우 중요하다. 디모데는 그리스도께서 이미 내리신 명령을 가르침을 통해 명한다(마 28:18-20).

더욱이 선한 목사는 매우 중요한 것들에 특별히 집중한다. 11절의 "이것들"은 그리스도인이 참여하는 영적 전쟁과 관련이 있으며, 그리스도 안에서 얻는 자유와도 관련이 있다. "이것들"은 경건, 바른 교훈, 살아 계신 하나님과 신자들의 구주에 대한 굳건한 신뢰를 가리킨다. 디모데는, 그리고 모든 선한 목사들은, 이것들에 특별히 집중해야 한다.

선한 목사들이 마땅히 내려야 하는 명령을 내리지 못하게 막는 것은 무엇인가? 칼뱅은 한 가지 도전을 통찰력 있게 규명한다.

> 이 가르침은 아주 중요하다. 그러기에, 설령 매일 듣더라도 싫증을 내서는 안 된다. 다른 것들도 가르쳐야 한다는 데는 의심의 여지가 없다. 그러나 **이것들**이라는 지시대명사가 강조된다. 이것들이 사소하지 않다는 뜻이다. 사소하다면 얼핏 보고 지나가도 그만이다. 그러나 이와는 반대로, 이것들은 매일 반복할 만하다. 왜냐하면 이것들은 아무리 자주 심어주어도 괜찮기 때문이다. 그러므로 신중한 목사는 어떤 것들이 절실히 필요한지 생각해야 한다. 그래야 그것들을 곱씹을 수 있다. 누구든지 하나님께 속한 사람이라면, 매우 자주 선언되어야 하는 것들을 기쁜 마음으로 자주 들으려 할 것이다.[34]

왜 목사는 하나님의 말씀이 주는 가르침을 질기게 되풀이해야 하는가? 한 가지 이유는 사람을 두려워하는 마음이 우리에게 이렇게 속삭이기 때문이다. "교인들은 이거 벌써 들었어. 네가 같은 말을 하고 또 해 염증이 났다니까." 우리는 다른 사람들의 견해를 두려워하며, 이러한 두려움이 우리의 가르침에 영향을 미치기까지 한다.

그렇다. 사람들은 이미 들었다. 그러나 사람들이 가르침을 완전히 받아들였을 법하지는 않다. 노련한 장로와 목사는 가르침이 열매로 이어지려면 반복이 필요하다는 것을 안다. 그리스도인들은 거울을 보고는 돌아서서 본 형상을 너무나도 자주 잊어버린다(약 1:23-24). 켄 산데가 말하듯이 "그리스도인들에게는 누수가 있다 (leak)".

━ 결론

목사는 되풀이해서 가르치길 부담스러워해서는 안 된다(빌 3:1). 목사는 노골적으로, 또는 못마땅한 마음을 표현하는 사람들 앞에서 움츠러들어서는 안 된다. 우리 목사들이 이것들을 명하는 까닭은, 주님의 명령(계명)이 우리가 보살피는 사람들의 건강에 유익하고 부담스럽지 않기 때문이며(요일 5:3), 그리스도의 선한 종으로서 우리의 의무를 충실히 수행하기 위해서다.

23

연소하다는 평가에
그릇되게 굴복하지 않는다

"누구든지 네 연소함을 업신여기지 못하게 하고…" 디모데전서 4:12

어느 목회자 청빙위원회는 40세 미만의 젊은 목사는 후보로조차 고려하지 않으려 한다. 이런 경우라면, 예수님은 말할 것도 없고 디모데도 후보에 오르지 못했겠다. 청빙위원 중에는 젊은 목사를 보고 이렇게 결론짓기도 한다. "젊으니 우리 입맛에 딱 맞게 훈련시킬 수 있겠어!" 교인들 중에 더러는 "젊고 경험이 미숙하다"는 이유로 목사의 가르침을 무시한다. 이런 태도를 보이는 사람들은 대부분 장로 경험이 없거나 목회자 훈련을 받은 적이 없다.

연소한 자는 온갖 방법으로 업신여김을 받는다. 젊은 목사가 자신의 리더십에 맞서는 나이 든 사람들, 스스로의 성경 이해에 오류가 있다는 것은 모르고 자신들이 나이를 더 먹었으니 당연히 더 지혜롭다고 여기는 사람들을 이끌려다 느끼는 좌절감을 알겠는가? 바울은 디모데에게, 나이 든 교인들과 지도자들의 축적된 지혜를 무시하라고 말하는 것이 아니다. 겸손한 디모데는 나이 든 성도들이 가진 것을 십분 지혜롭게 활용할 것이다. 바울은 디모데에게, 사람들이 그의 연소함에 대해 내리는 평가에 그릇되게 굴복하지 말라고 교훈한다. 나이는 그가 교회를 이끌고 선한 목사가 되는 것을 막는 장애물이 아니다. 연소함은 목사의 경건과 성숙과 리더십을 저해하는 장애물이 아니다.

▬ 연소함을 업신여기지 못하게 하는 몇 가지 방법

디모데전서 4장 12절은 디모데에게 쓴 편지이지만, 젊은 사람들과 나이 든 사람 모두에게 똑같이 적용된다.

1) 나이 든 목사들은 젊은 목사들에게 기회를 주고, 이들에 대해 위험을 감수해야 한다.

나이 든 목사들은 젊은 목사들이 어찌할 수 없는 부분(나이)을 거론하며 이들을 떨떠름하게 여겨서는 안 된다. 무엇보다, 하나님께서 연소한 자들을 안 좋게 여기시지 않기 때문이다. 오히려 바울이 디모데에게 그렇게 했듯이, 나이 든 목사들은 젊은 목사들을 독려하고, 교훈하며, 응원하고, 훈련해야 한다. 이것은 필연적으로 젊은 목사에게 행동하고 이끌 여지를 준다는 뜻이다.

2) 젊은 목사들은 경솔하거나 배우길 거부해서는 안 된다.

젊은 목사는 자신의 연소함을 업신여기는 사람들에 대해, 나이가 많다고 업신여기거나 비죽거리거나 버릇없이 굴어서는 안 된다. 이렇게 한다면, 편견을 고착화할 뿐이며, 지도자 역할이 더 힘들어질 뿐이다. 그 대신에 젊은 목사는 겸손을 잃지 말고 모든 의무를 성실하게 이행하면서 인내하며 사람들과 더불어 살아야 한다.

3) 젊은 목사들은 자신의 연소함을 업신여기는 사람들 앞에서 패배자의 태도를 취해서는 안 된다.

젊은 목사들은 풀이 죽거나, 투덜거리거나, 불평해서는 안 된다. 젊은 목사들은 어깨를 펴고, 시선을 그리스도께 고정하며, 모두에게 자신이 그리스도를 따르듯이 자신을 따르라고 말해야 한다. 나는 워싱턴 D.C.에 자리한 캐피톨힐 침례교회를 담임하는 마크 데버 목사님에게서, 사람들이 자신의 리더십에 맞설 때, 앞을 가리키고, 곁길로 나가지 않으며, 목표를 향해 전진하는 모습을 자주 보았다. 주변의 어떤 사람들이 보기에는 불만스러웠을 수도 있다. 그러나 겸손하고 우직한 황소걸음은 목사와 교인 모두에게 도움이 된다. 젊은 목사들은 그저 쉼 없이 예수님을 따라야 한다.

당신이 이런 어려움을 만난 젊은 목사인지 모르겠다. 그렇다면, 절대 포기하지 마라. 절대 움츠리지 마라. 절대 투덜대거나 삐죽이지 마라. "명하고 가르치라." 바울이 12절에서 주는 교훈이 11절의

"명하다"라는 다소 강한 단어에 뒤이어 나온다는 사실이 꽤 흥미롭다. 바울은 사람에 대한 두려움과 젊은 목사들 속에 숨어 있는 경향을 알았을 것이다.

━ 결론

젊은 사람일수록 하나님의 말씀과 목사 직분에 적합한 권위를 갖고 이끌길 주저한다. "네 연소함을 업신여기지 못하게 하라"는 이 말씀은 디모데에게 남자답게 행동하고, 성장하며, 그 누구도 그의 나이를 보고 그가 목사로서 얼마나 능력이 있고 얼마나 확신이 있으며 얼마나 믿을 만한지 미리 판단하지 못하게끔 사람들을 이끌라고 요구한다. 선하고 젊은 목사는 반드시 이렇게 해야 한다.

24

따르고 본받을 만한
역할 모델이 된다

"…오직 말과 행실과 사랑과 믿음과 정절에 있어서 믿는 자에게 본이 되어"
디모데전서 4:12

대학의 팀 동료들과 팬들은 그에게 '리바운드의 날으는 돈가스'란 별명을 붙여주었다. 그는 약간 통통했고 백보드를 부술 듯이 저돌적이었기 때문이다. 그가 프로 선수였을 때, 팬들은 그를 열한 번이나 NBA 올스타로 뽑아주었다. 그는 1992년과 1996년, 드림팀에 뽑혀 두 차례나 올림픽 금메달을 땄고, 2006년에 네이스미스 농구 명예의 전당에 이름을 올렸으며, NBA 역사에서 가장 훌륭한 선수 50인에 꼽혔다.

그는 NBA에서 활동하던 13년 내내 올 인터뷰 팀(All Interview Team)에 뽑혔다. 그는 화려하게 말했다. 공격적으로 말했다. 큰 소리로 말했다. 늘 말했다(그래서 '떠벌이'라는 별명도 얻었다— 옮긴이주). 찰스 바클리는 지금까지 내가 듣기로 프로 선수로서 가장 아이러니한 이름을 가졌다. 그는 '찰스 경'(Sir Charles)이라 불렸다.

그러나 그는 한 번도 자신이 왕족이라고 주장하지 않았고, 행동이 이를 증명했다. 바클리는 경기장 안팎에서 자주 감정을 폭발했고, 인종차별적인 말을 하는 관중에게 침을 뱉기도 했다.

찰스 바클리 경이 자신에 대해 절대 주장하지 않은 게 있다. 그는 결코 자신이 절대적인 역할 모델이라고 주장하지 않았다. 1993년 나이키는 바클리를 내세운 광고에서, 운동선수는 역할 모델이 아니라고 분명하게 못을 박았다. 이 광고는 온 나라에 논쟁을 불러일으켰다. 그럴 때 바클리는 부모가 역할 모델이어야 하며, 새파란 프로 선수들이 청소년들에게 행동과 가치의 패턴을 제시해주리라는 기대를 접어야 한다고 오금을 박았다.

1990년대 초, 찰스 바클리가 이런 역할 모델 개념을 거부하면서, 유명인이 역할 모델이라는 생각이 시들해졌다. 내가 역할 모델을 우러르고 본받으라고 독려를 받은 마지막 세대가 아닐까 싶다. 그러나 이런 개념이 공적 대화에서는 사라졌더라도, 성경에서는 사라지지 않은 게 분명하다.

목사는 마지막 역할 모델인가?

선한 목사가 꼭 해야 할 일이 있다. 신자들에게 본을 보여야 한다. 선한 목사는 역할 모델이어야 한다. 짧지만 더없이 중요한 말이다. 매우 중요하기에, 하나님은 이것을 영원한 진리인 성경에 기록하셨다.

디모데는 자신의 연소함이 사역을 방해하지 못하게 해야 한다. 이를 위한 중요한 방법은 모든 신자에게 역할 모델이 되는 것이다. 바울은 본받을 만하고, 주목할 만하며, 따를 만한 삶을 살라며 디모데를 독려한다. 바울은 목회 사역의 기준을, 프로 선수들이 제시하는 갈팡질팡하고 하찮은 본보기보다 훨씬 높인다. 누가 이 일을 감당하겠는가?(고후 2:16) 이런 본을 보이기란 쉽지 않다. 초자연적 은혜가 필요하며, 하나님이 주시는 능력이 필요하다.

바울은 사실상 목사란 어항에서 살아야 **한다**고 말한다. 헤엄치는 형태와 먹이 습관을 외부에 고스란히 보여야 한다는 뜻이다. 목사는 커튼이나 블라인드 뒤가 아니라 투명 유리 뒤에서 산다.

대부분의 사람들은 물론 사생활을 중시하는 쪽으로, 편안하고 익명성이 보장되는 가정을 중시하는 쪽으로, 개념과 생각의 세계를 선호하는 쪽으로 기운다. 그러나 디모데전서 4장 12절은 목사들에게 그들 자신과 안전지대에서 나와서 무대에 올라 목사로서 본을 보이라고 요구한다.

━ 목사는 어떤 본을 보여야 하는가?

1) 선한 목사는 신자들에게 본을 보인다.

당연하게 들릴지 모르지만, 그리스도인들과 비그리스도인들 양

쪽 **모두에게** 목사만큼 자주 본보기로 여겨지는 사람도 없다. 감사하게도, 바울은 디모데전서 4장 12절에서 "세상 모든 사람에게 본이 되려는 사람은 누구라도 결국 자신의 신념을 뒤틀게 된다"고 말하지 않는다.

목사는 섬기는 교회에 본이 되어야 한다. 목사는 주로 지역에서, 주로 신자들에게 본이 되어야 한다. 믿지 않는 세상이 목사에게 바라는 게 있다. 그러나 이런 바람은 예수 그리스도께서 목사에게 요구하시는 것, 성도들이 목사에게서 보아야 하는 것과 필연적으로 충돌한다. 따라서 목사는 누가 자신의 청중인지 분명히 해야 한다. 추상적이거나 일반적이거나 보편적인 신자들이 아니라 자신이 돌보는 교회 교인들이 자신의 청중이라는 사실을 분명히 해야 한다. 바울은 특정 목사와 특정 회중(교회)의 관계라는 거친 실제 상황에서 이 가르침을 준다.

사도 바울의 가르침은 이런 뜻이다. 목사라면, 자신이 처한 구체적인 사회적·역사적 상황을 파악해야 한다. 나는 워싱턴 D.C.에 있을 때 배웠다. 목사는 우선순위(하나님, 가족, 일)를 어떻게 제대로 정하는지 회중에게 보여주어야 한다. 도시 전체가 삶을 정반대로 (일, 가족, 하나님) 순서 지우는 듯이 보이기 때문이다. 나는 지금도 이름뿐인 명목상의 기독교(nominal Christianity)가 강한 미국 남동부에 살 때 이것을 배웠다. 목사는 분별력 있고, 분명하게 말하며, 교리에 충실하고, 사랑으로 진리를 말하는 본보기가 되어야 한다. 청중과 정황이 중요하다. 목사는 본을 보일 때, 이것을 꼭 염두에 두어야 한다.

2) 선한 목사가 본을 보이면 사람들이 다가온다.

목사가 자신의 일정을 제대로 통제하지 못하거나 가족 주변에 적절히 울타리를 치지 못한다는 뜻이 아니다. 목사의 직분을 수행하려면, 이러한 통제는 필수다. 그러나 바울이 디모데에게 하는 명령은 목사가 사람들 주변에, 사람들과 함께, 사람들의 손 닿는 곳에 있어야 한다는 것을 암시한다. 목사는 관찰되어야 한다. 그러나 목사가 사람들 앞에 있지 않다면, 그를 관찰하기란 불가능하다. 목사는 다양한 곳에서 보여야 한다. 교제하는 자리에서, 점심이나 저녁 식사 자리에서, 집에서, 다른 사람들의 가정 등에서 보여야 한다. 목사가 어느 정도나 사람들 곁에 있는 게 적절한가? 각자 환경을 고려해 답해야 한다. 그러나 원칙적으로, 선한 목사라면 효과적으로 본을 보이기에 충분할 만큼 사람들 곁에 있어야 한다.

3) 선한 목사가 본을 보여야 하는 구체적인 부분이 있다.

바울이 12절에서 제시하는 행동과 덕목의 목록을 보니 기쁘다. 내가 목록을 완수했기 때문이 아니다. 이 목록이 내가 주눅 들지 않고 어디서 시작해야 할지 늘 상기시켜주기 때문이다. 바울은 다섯 가지를 열거한다. 말, 행실, 사랑, 믿음, 정절이다. 목록이 묵직하다. 그러나 목록을 보면, 어느 부분에서 본을 보여야 하는지 알 수 있다.

우리의 말이 본이 되어야 한다. 여러 단락 중에, 에베소서 4장 25, 29절과 야고보서 3장은 목사가 어떻게 말해야 하는지 원칙을 제시한다. 목사는 더 오래 경청해야 한다. 진실하게 말해야 하고, 온전히('철저하게'와 혼동하지 마라) 열린 마음으로 말해야 한다. 직접, 사랑으로 말해야 한다(공개적 질책이 은밀한 사랑보다 낫다). 꼭 필요한 말을 하고, 교훈이 되는 말을 해야 한다. 듣는 사람에게 은혜를 끼쳐야 한다.

우리의 행동이 본이 되어야 한다. 선한 목사의 행동은 모든 사람이 볼 터이다. 그러기에 목사의 행동이 복음의 권세와 능력을 확증하거나, 의심스럽게 하거나, 부정할 터이다. 선한 목사는 자신의 부르심에 합당하게 살며 하나님을 본받는다(엡 4:1; 5:1; 빌 1:27; 4:1). 모든 목사가 깜짝 놀랄 사실이 있다. 목사의 삶과 태도는 섬기는 회중의 성격에 필연적으로, 꾸준히 각인된다. 일반적으로 교인들은 목사가 보이는 태도를 취한다. 한 목사가 남긴 인상은 이후 두세 목사로도 쉽게 지워지지 않는다. 후임 목사들은 전임 목사가 말과 행동에서 보였던 본 때문에 교인들 속에 남아 있는 울퉁불퉁하고 단단한 고랑에 거세게 내동댕이쳐지거나 부드럽고 곧은길을 보게 된다.

우리의 사랑이 본이 되어야 한다. 이 부분에서는 우리가 성도들에게 보인 본이 주변 불신자들에게 우리를 증언하기도 한다(요 13:34-35). 우리의 사랑이 본이 되려면, 우리 자신이 예수님의 본을 따라야 한다. 그분의 사랑은 그야말로 최고이기 때문이다. 그분은 자기 백성을 위해 자신을 내어주셨다. 그분은 죽기 위해 태어나셨다. 그분은 자기 백성의 고통을 자원해서 대신 당하셨다. 그분은 우리가 받아 마땅한 멸시와 조롱과 비웃음을 대신 당하셨고, 우리를 대신해 아버지의 크고 무한한 진노를 친히 겪으셨다. 그분은 우리 대신 고난을 당하셨고 우리가 겪는 유혹도 친히 겪으셨다. 그분은 합당한 대제사장으로서 모든 부분에서 우리와 같이 되셨다. 이제 우리도 자기를 희생하는 사랑의 본을 보여야 한다.

선한 목사는 **믿음에서** 본을 보인다. 목사가 자신을 의지한다면, 참으로 가증스러운 짓이다. 목사의 사역에서 불충성이란 매독과 다르지 않다. 선한 목사는 하나님을 신뢰한다. 장로는 하나님께 소망을 두어야 한다. 죽지 않고, 자신 안에 생명이 있으며, 거짓말을 하지 않고, 진리의 하나님이신 분에게 소망을 두어야 한다. 교회는 삶의 모든 상황에서 장로들의 믿음을 증언할 수 있어야 한다. 다시 말해, 신바람 나는 상황, 비극, 대화, 배교, 지지, 반대, 풍성, 결핍, 열매, 무력함 등의 상황에서 그렇게 할 수 있어야 한다. 좋을 때든 안 좋을 때든 간에, 선한 목사는 자신의 삶과 결정의 토대를 확실한 예수님의 사랑과 주 되심과 주권과 선하심에 둔다.

선한 목사는 **정절에서** 본을 보인다(새번역이나 공동번역에서는 "순결"로 번역하기도 한다—옮긴이주). 목사가 강단에서 보이는 정절은 회중석의 정절을 불러일으키고 그 방향을 제시해야 한다. 목사의 추잡함을 숨기기란 식은 죽 먹기다. 그러려고만 든다면, 목사는 자신을 고립시키고, 회중에게 자기 정체를 날조하며, 이중적인 생활을 할 수 있다. 그러려고만 든다면, 목사는 정절과 거룩함을 뻔질나게 말하면서도 정작 그 능력은 부정할 수 있다. 선한 목사는 경건에 이르도록 수고하고 힘쓰며 분투해야 한다(딤전 4:10). "경건은 범사에 유익하니 금생과 내생에 약속이 있다"는 것을 알기 때문이다(딤전 4:8).

목사는 정절과 거룩함의 아름다움에 마음을 온전히 두되, 다른 모든 대안을 무시할 만큼 그러해야 한다. 목사는 그리스도를 닮으려 해야 한다. 목사는 예수님의 순전한 사랑에 들어가길 갈망하며,

이러한 갈망이 식을 때 괴로워해야 한다. 목사가 정절의 본을 보이는 까닭은 정절의 복을 알기 때문이다. 목사는 진정한 아름다움이 무엇인지 알아야 한다. 그리고 사람들 앞에서, 곧 오락 선택에서, 선호하는 음악에서, 겸양에서, 헌신에서, 고백에서, 젊은 여인을 대하는 태도에서(딤전 5:2), 예술과 문학을 연구하는 데서, 스타일을 받아들이고 비판하는 등등에서 이런 아름다움을 살아내기 위해 하나님을 의지해야 한다. 밥 코플린은 이것을 잘 요약했다.

> 예수님은 대속하는 희생으로 자기 백성을 단번에 깨끗하게 하러(purify) 오셨다(딛 2:14). 정결 의식은 예표하는 데 그친 것을 그분은 실제로 성취하셨다. 그러나 하나님이 정결(purity, 정절)을 요구하신다는 사실은 변하지 않았다. 주님은 지금도 거룩하시다. 그러기에 하나님께서 교회 지도자들이 신자들에게 정결의 본을 보이길 원하신다는 사실은 놀랍지 않다.
>
> 정결이란, 더럽혀지지 않고, 섞이지 않으며, 희석되지 않고, 악이나 오염에 물들지 않은 것을 말한다. 가장 먼저, 우리의 동기에 적용된다. 하나님은 우리의 마음이 "그리스도를 향하는 진실함과 깨끗함에서 떠나" 부패하지 않도록 하라고 요구하신다(고후 11:3). 경제적 이득을 얻거나 대중의 인정을 얻으려는 목적에서 예배를 인도한다면, 하나님을 욕되게 하는 것이다. 하나님은 우리의 예배가 위선적이지 않고 진실하길 원하시며, 강압적이지 않고 자발적이길 원하시며, 산만하지 않고 전심으로 드려지길 원하신다. 바꾸어 말하면, 정결하길 원하신다.[35]

━ 결론

목사와 장로는 하나님의 은혜와 전능한 도움으로 "말과 행실과 사랑과 믿음과 정절에 있어서 믿는 자에게 본이 되어야" 한다(딤전 4:12). 목사들이 본받을 만한 삶을 살 때, 교회는 주님을 공경하고 목사 직분을 귀히 여기게 된다. 친절하게도 하나님은 이 고귀한 일에 헌신하는 자들에게 큰 상을 주시겠다고 약속한다(벧전 5:1-4).

찰스 바클리가 옳았다. 프로 선수는 이런 종류의 역할 모델이 아니다. 오직 성령의 능력을 받은 그리스도의 종들이 이러한 종류의 역할 모델이다.

25

말씀의 만나로
하나님의 양 떼를 온전히 먹인다

"…오직 말과 행실과 사랑과 믿음과 정절에 있어서 믿는 자에게 본이 되어"

디모데전서 4:12

목회를 한마디로 요약하라면, 뭐라고 하겠는가? 쉽지 않다. 더욱이 지금껏 디모데전서에서 살펴본 목사의 역할만 보더라도, 질문에 간단히 답하기란 어렵다. 그렇더라도 가능하다면, 목회를 뭐라고 요약하겠는가?

모든 삶에서 "믿는 자에게 본이 되는" 것으로 요약할 수도 있겠다. 예수님은 제자들이 따르도록 자신이 친히 본을 보이셨다고 말씀했다(요 13:15). 다른 곳에서, 사도 바울은 이렇게 말한다. "내가 그리스도를 본받는 자가 된 것같이 너희는 나를 본받는 자가 되라"(고전 11:1). 바울은 빌립보의 그리스도인들에게도 똑같이 말한다(빌

3:17). 디모데전서 4장 12절에서는 디모데에게 말과 행실에 본을 보이라고 독려한다. 본을 보인다는 말은 선한 목사를 표현하는 한 방법이다.

그러나 선한 목사의 일을 최종적으로 평가하는 또 다른 방법이 있다. 목사가 보인 본이 어떤 역할을 하는지 살펴보면 된다. 근본적으로, 본을 보인다는 말은 '가르친다'는 뜻이다. 선한 목사는 가르친다. "이것들을 명하고 **가르치라**"(딤전 4:11). "내가 이를 때까지, 성경을 공적으로 읽고, 권면하며, 가르치는 일에 헌신하라"(딤전 4:13, ESV).

━ 목사의 헌신

그렇다면 선한 목사는 무엇을 해야 하는가? 선한 목사는 세 가지에 헌신해야 한다. 성경을 공적으로 읽고, 권하며, 가르치는 일이다. "헌신하다"(devote)로 번역된 단어는 미리 이뤄지는 개인적인 준비를 암시한다. 개인적인 연구는 조그마한 촛불을 켜는 것과 같다. 하지만 이런 연구가 선한 목자의 공적 사역에 연료를 공급한다. 그러나 이러한 연구도 거룩해져야 한다. 찰스 브리지스는 다음과 같이 썼다.

지식의 나무가 무성해지고 있을지 모르지만, 그 사이 삶의 나무는 시들어간다. 머리에 지식을 채우다 보면, 자연히 자신을 높이게 된다.

연구 습관을 잘 지켜, 연구가 거룩하지 못한 방종이 되는 일이 없게 해야 한다. 양심이나 우선순위를 희생해 자기만족을 추구하는 일이 없게 해야 한다. 거룩하고 실제적인 지식이 아니라 사변적 공부에 빠지는 일이 없게 해야 한다. 눈앞의 일에 시간을 선점당하는 일이 없게 해야 한다. 다른 취미 생활에 똑같은, 또는 더 큰 의미를 부여하는 일이 없게 해야 한다. 건전한 판단력과 영적 지성을 발휘해 이러한 연구가 목회의 주목적을 향하게 해야 한다. 우리가 성경을 연구하거나 설교를 준비하는 데 전념해야 하는 시간에 이것들에 마음을 빼앗기는 일이 없어야 한다.[36]

가르치는 일에 헌신된 목사를 위한 세 가지 훈련

선한 목자는 세 가지 방식으로 가르치는 일에 헌신한다.

1) 성경을 공적으로 읽는다.

내가 다녀본 상당수의 교회가 하나님의 말씀을 공적으로 읽는 것을 견디지 못하는 것처럼 보였다. 아주 짧게 낭독하는 경우를 제외하고는 사람들이 하나님의 말씀을 공적으로 읽지 **않는** 데 점점 더 익숙해진 것 같다. 하나님의 말씀을 들으려는 욕구가 꽤 약해졌다.

어떤 사람들은 성경을 공적으로 읽는 것을 지루해한다. 어떤 사람들은 이것이 '진정한 예배'(찬양)를 방해한다고 생각한다. 어떤 사람들은 이것을 이해하지 못하거나 영 어색해한다. 당신도 성경을 공적으로 읽는 일을 소홀히 여기는 이런저런 이유를 들어보았을 것이다. 주님이 이런저런 이유에 공감하시겠는가?

아버지께서는 자신의 말씀에서, 자신의 말씀을 통해, 자신을 계시하신다. 말씀은 예수님을 향한다. 성령께서 사람들을 감동시켜 성경을 기록하게 하셨다. 삼위일체의 노고를 생각할 때, 성경을 소홀히 여겨도 좋을 만한 이유가 있겠는가?

바울은 디모데에게 성경을 공적으로 읽는 일에 "헌신하라"고 말한다. 합당한 이유에서다. 말씀은 생명을 준다. 성경에서 보여준 모든 부흥은 하나님의 말씀을 공개적으로 읽는 행위가 회복된 뒤에 일어났다. 예를 들면, 모세는 출애굽기 24장 7절에서 언약서를 백성과 함께 읽었다. 여호수아 8장에서 여호수아는 아이 성 전투에서 패했다가 승리한 후 언약을 갱신하면서 율법 전체를 읽었다. 느헤미야 8장의 훌륭한 장면을 보면, 성경을 읽고(낭독하고) 설명하는 일이 온종일 계속되었다(느 9장, 13장). 예레미야는 바룩에게 말씀을 백성 앞에서 낭독하라고 촉구했다. 이때 그는 이스라엘의 회개를 바랐다(렘 36장). 복음서에서 주님은 몇몇 훌륭한 말씀을 "[너희가] 읽지 못하였느냐"로 시작하신 적이 얼마나 많았는가?

선한 목사는 공적인 모임에서 하나님의 말씀을 여전히 중심에 둔다. 부분적으로는 성경을 공적으로 읽음(낭독함)으로써 그렇게 한다. 이러한 공적인 성경 읽기는 하나님의 백성을 빚어낸다. 공적인 성경 읽기 자체가 가르치는 행위이며 다른 교훈의 기초다.

2) 권면한다.

또한 선한 목사는 하나님의 말씀을 통해 권면한다. 선한 목사는 양 떼에게 말씀을 듣고, 말씀에 주목하며, 성경을 삶에서 실천하라고 촉구한다. 선한 목사는 독려하기, 꾸짖기, 바로잡기, 경고하기, 위로하기를 통해 권면한다(딤후 3:16-17). 선한 목사는 양 떼가 하나님의 말씀에 기초해 느끼고 행동하게 한다.

사도 바울은 목회의 본을 보이면서 말씀을 개개인에게 적용하는데 집중했다(살전 2:8-13). 성경을 읽으면 매우 유익하다. 그러나 성경 읽기로는 부족하다. 장로는 성경을 교회의 다양한 영적 상황에 적용해야 한다. 어떤 사람들은 양육이 필요하고, 어떤 사람들은 회초리가 필요하며, 어떤 사람들은 단호히 잘라내야 한다. 선한 목사는 말씀을 읽고 적용함으로써 말씀이 각각의 필요를 돌보도록 해야 한다.

3) 가르친다.

장로들은 성경 읽기와 권면을 통해 가르친다. 그러나 양 떼가 늘어나면, 체계적 가르침도 필요하다. 디모데는 교훈(doctrine, 교리)에 헌신해야 한다. 바울은 "교리는 분열을 일으킨다"거나 "교리가 아니라 관계다"에 관해 거창한 궤변을 늘어놓지 않는다. 우리가 누구와 관계있는지 알지 못하면, 관계는 불가능하다. 디모데는 양 떼에게 성경 진리를 온전히 가르침으로써 교훈(교리)을 세우는 습관을 들여야 한다. 디모데는 가르쳐야 한다. 가르치지 않으면, 선한 목사일 수 없다.

― 실천하기

브리지스는 지혜로운 조언을 하는데, 여기서 충성된 장로를 위한 몇몇 적용을 주목해보면 좋겠다.

1) 성경을 읽고 연구하는 데 필요한 시간을 확보하라. 그래야 효과적으로 가르칠 수 있다.

2) 어느 정도 폭넓게 읽으라. 그러나 성경과 신학 분야의 책은 깊게 읽으라.

3) 조직신학, 성경신학, 역사신학과 관련된 도서를 정기적으로 읽으라. 이러한 책들은 각각 한 주제와 관련된 성경의 온전한 가르침을 알려주고, 성경의 주제와 내러티브 및 충성된 성도들이 그 주제를 어떻게 다뤘는지를 가르쳐준다. 이로써 다른 사람들에게서 배우지 않으려는 교만을 피하게 해준다.

4) 자신의 설교를, 적어도 젊은 설교자라면, 직접 작성함으로써 생각하는 훈련을 하라. 모든 목사가 다 이 훈련이 필요하지는 않다. 그러나 많은 목사의 경우, 원고 설교를 하면 설교가 더 정확해지고 질서정연해진다.

5) 당신의 설교에 솔직하고 건설적인 피드백을 아끼지 않는 사람들을 주변에 두라. 다른 목사들이나 장로들을 만나도 좋고, 다른 사람들의 설교를 들어도 좋으며, 사역자 회의를 동역자끼리 서로 격려하고 바로잡아주며 도와주는 기회로 활용해도 좋다.

6) 강단, 주 중 성경공부, 주일학교, 소그룹을 비롯해 가르칠 다양한

기회를 두루 활용하라. 강단에서 모든 것을 다 할 수는 없다. 따라서 다른 기회를 전략적으로 잘 활용해야 한다.

7) 가능하다면, 가르치는 책임을 다른 사람들과 나누어라. 목사는 도움이 필요하며, 따라서 리더십의 은사를 가진 사람들을 적극 활용해 짐을 함께 져야 한다.

■ 결론

선한 목사는 무엇을 해야 하는가? 한마디로 가르쳐야 한다. 자신의 말과 행동을 통해, 선한 목사는 양 떼를 가르친다. 그러니 우리의 연구와 준비를 거룩하게 하자. 그래야 하나님의 말씀이라는 만나로 하나님의 양 떼를 온전히, 능숙하게 먹일 수 있다. 하나님의 말씀이 생명을 준다. 선한 목사는 이것을 믿고, 이것을 신뢰하며, 이 사실에 사역의 초점을 맞춘다.

26

눈에 보이도록 성장한다

"이 모든 일에 전심전력하여 너의 성숙함을 모든 사람에게 나타나게 하라"
디모데전서 4:15

아침마다 아이들은 창턱으로 달려갔다. 자신이 뿌린 씨앗이 얼마나 자랐는지 보고 싶어 안달이 났기 때문이다. 과학 선생님이 아이들에게 작은 투명 플라스틱 컵에 비옥하고 검은 흙을 채운 뒤 씨앗을 심어 관찰하라는 숙제를 내주었다. 아이들은 흙에 묻힌 작은 씨앗이 싹트고 마침내 식물로 자라는 과정을 관찰해 기록해야 했다.

두 딸은 빠르게 자라는 생명체의 신비에 흠뻑 매료되었다. 매일 아이들은 식물에서 눈을 떼지 못했다. 나도 그만한 나이에 똑같은 숙제를 하며 똑같이 흠뻑 매료되었던 기억이 난다.

모든 생명체는 자란다. 적절한 성장만큼 생명력과 힘을 보여주는 것도 없다. 이런 까닭에 모든 사람이 성장을 바라고 반기지 않나 싶다. 우리는 성장이 있는 곳이면 어디서나 즐거움과 용기를 얻는다. 하나님은 성장과 생명을 단단히 연결하셨고, 우리는 모든 영역에서 성장을 구한다.

목사는 반드시 성장해야 한다

사도 바울은 성장하라고 디모데를 독려하면서 의미가 강한 단어를 사용한다. 바울은 디모데에게 말한다. 스스로 '헌신하고' '훈련해' 영적으로 성장하고, 영적 생명과 활력을 확실하게 드러내라는 것이다.

헌신의 개념은 디모데전서 4장에서 여러 차례 나타난다. 어떤 사람들은 "미혹하는 영[들]"에게 헌신한다(1절). 반면에 디모데는 성경을 공적으로 읽고, 권면하며, 가르치는 일에 헌신해야 한다. 더 나아가 디모데는 경건에 이르도록 스스로 '훈련해야'(train, 개역개정은 "연단"으로 번역했다—옮긴이주) 하며, 수고하고 노력해야 한다. 땀 흘리는 노력의 이미지가 선명하게 드러난다.

목회는 노동이다. 목회는 일이다. 목회가 쉽고 편하길 바라면 어떻게 되는가? 책임, 고난, 어려움, 죄, 실망, 명확한 실패(타인의 실패와 자신의 실패), 죽음, 질병을 비롯해 타락한 인간의 삶에 수반되는 온갖 것들의 거침없는 질주에 치이고 눌릴 것이다. 목회는 노동이다.

여느 노동처럼 목회도 판에 박힌 일을 요구하고, 시련과 더불어 향상이 필요하다. 바울은 디모데에게 앞서 몇 절에서 언급한 것을 지칭

하면서 "이것들을 연습하라"(practice these things, ESV)라고 가르친다.

- 사람들에게 거짓 선생들에 대해 경고하라.
- 거짓 교훈과 신화를 버리라.
- 경건에 이르도록 스스로 훈련하라.
- 살아 계신 하나님께 소망을 두라.
- 명하고 가르치라.
- 젊은 목사로서 용기를 잃지 마라.
- 삶에서 본을 보이라.
- 성경을 공적으로 읽고, 권면하며, 가르치라.
- 자신의 은사를 활용하라.

바울은 디모데에게 이렇게 하라고 가르친 뒤, 마지막에 목록에 제시된 모든 것을 스스로 연습하고 여기에 헌신(전념)하라고 말한다.

본문에서도 그렇고 우리의 경험에서도 그렇듯이, 이 가운데 몇몇은 목사나 장로에게 자연스럽지 않다. 몇몇은 가능할 테지만, 몇몇은 쉽지 않다. 모든 게 다 쉬우리라 예상한다면, 결실할 가망이 없다. 모든 게 다 어려우리라 예상한다면, 시도조차 하지 않은 채 은사와 소명을 아주 소홀히 여기고 성공과 시련을 통해 하나님의 은혜를 맛볼 기회를 잃게 된다. 옳은 것에 선하고 경건하게 초점을 맞추는 게 아주 중요하다.

적절한 초점을 유지하는 방법이 있다. 목회는 연습(practice, 훈련)이 필요하다는 것을 깨달아야 한다. 목회는 집중, 숙고, 행동, 평가가 필요하다. 좋은 연습은 강한 헌신이 필요하다. 악기를 연주해보겠다며 조르는 아이를 대해 본 사람이라면 누구나 안다. 아이가 새 악기에 호기심을 잃은 후에도 연습에 전념하는 것이 성공에 매우 중요하다. 마찬가지로, 고등학교 시절의 농구부 감독님은 늘 "연습이 곧 실전이다"라고 하셨다. 감독님은 연습을 제대로 시키려 하셨던 게 분명하다. 우리는 실전 영상 못지않게 연습(훈련) 영상을 많이 보았다. 우리는 집중하고 준비해야 했다. 잘못된 부분은 늘 바로잡을 준비가 되어 있어야 했다. 이 모두가 연습의 일부다. 연습을 게을리하면, 우리의 사역은 멎고, 처지며, 흔들리고, 부패할 테고, 우리는 필요한 준비와 집중과 평가가 없는 탓에 상을 받지 못할 터이다.

▬ 선한 목자가 되기 위한 훈련

몇몇 훈련은 선한 목자가 되려는 노력에 보탬이 된다.

1) 실전처럼 연습(훈련)하라.

연습(훈련)은 선택이 아니다. 우리는 연습(훈련)한 대로 목회한다. 연습에서 반복하는 플레이는 실전을 부드럽게, 효율적으로 소화할 수 있게 해준다. 연습을 제대로 하지 않으면, 결국 실전도 엉망이 되고 만다. 나의 상담은 기대만큼 예리하지 못하거나 엄격히 성경적이지 못하다. 이런저런 일에 어떻게 대응할지 알아야 하는데도 정작 알지 못해 쩔쩔맨다. 내가 연습을 게을리하면, 남들을 훈련하는 일은 더 얄팍해진다. 게으를 때 내 설교는 나 자신을 더 의존하고 감상에 빠지고 만다. 어느 정도 효과적으로 설교하고, 꽤 지혜로운 조언을 하며, 사람들에게 다가갈 수는 있다. 그러나 준비 부족은 결국 그들의 실제 생활, 곧 '실전'에서 고스란히 드러난다. 나는 유창할는지 몰라도 유용하지는 못할 터이다. 선한 장로는 실전처럼 연습(훈련)한다. 사역의 실전 속도를 따라가려면, 집중력을 갖추고, 준비되어 있으며, 감독의 지도를 잘 받아야 하기 때문이다.

2) 훌륭한 감독을 찾으라.

목회 같은 무인도는 없다. 숱한 목사들이 목회를 하면서 외로움을 느낀다. 어떤 목사들은 목사하고만 어울린다. 그러나 모두에게, 무인도는 더없이 비극적인 상황을 낳는다. 우리의 일이 거의 또는 전혀 평가되지 않는다. 우리는 자기평가라는 잔혹한 상황에 처한다. 자신을 균형 있게 평가할 줄 아는 사람은 드물다. 한쪽으로 치우치기 십상이다. 모든 상황이 다 좋아 모두 동참해야 한다거나 모든 상황이 끔찍하고 하늘이 무너지고 있다거나 둘 중 하나다. 그러나 둘 다 정확하지 않다.

훌륭한 감독은 우리가 생각하고, 설교하며, 상담하고, 살아가는 습관에 대해 냉철하지만 사랑이 담긴 평가를 한다. 바울이 15절에서 말한 대로 연습(훈련)하려면, 플레이를 알고 우리의 장단점을 너끈히 지적해줄 사람과 함께 '영상을 봐야' 한다. 겸손한 목사는 이런 평가를 구한다.

3) 겸손을 기르라.

겸손을 기르기란 말처럼 쉽지 않다. 앞서 말했듯이, 교만은 머리가 여럿 달린 괴물이며 무수한 방법으로 무수한 시간에 자신을 내세운다. 교만 정복하기가 벽에 젤리 바르기와 조금 비슷하다고 느껴질 수도 있다. 이 싸움에 도움이 되도록, C. J. 매허니가 쓴《겸손: 진정한 위대함》(Humility: True Greatness, 생명의말씀사)을 손에 들고 조곤조곤 읽으라.

자신의 지역에서 널리, 분명히 겸손하다고 인정받는 사람들이 있다. 이들을 일부러, 진지하게 찾아보라. 이들은 빠르게 성장하며 세류에 밝은 새로운 지역 교회를 이끄는 목사들이 아닐 것이다. 이들은 비교적 이름 없이 조용히 수고하고 있을 것이며, 이런 까닭에 마음이 겸손할 것이다. 이들을 지켜보고, 이들이 그리스도를 따르듯이 이들을 따르며, 자신의 교만을 고백함으로써 겸손을 기르라. 겸손하지 못하고, 배우려 들지 않으며, 경건한 평가를 받아들이지도 활용할 줄도 모른다면, 연습(훈련)도 훌륭한 감독도 도움이 되지 못한다.

믿음에서 진보를 보이면 무엇이 유익한가?

선한 목사나 장로가 이 모든 것을 하는 목적이 있다. "모두가 [그의] 진보를 보게" 하기 위해서다(딤전 4:15, ESV). 하나님께서 목사의 성장을 드러내시려는 것은 양 떼의 유익을 위해서다. 교인들은 목사를 주목한다. 마치 아이들이 창턱으로 달려가 싹이 트는 생명체를 보듯이, 성장을 보고 거기서 힘을 얻으려 하듯이 말이다. 목사의 성장은 여러 면에서 양 떼에게 유익하다.

1) 모두가 목사의 성장을 본다면, 목사의 불완전한 부분과 결점도 양 떼들이 어느 정도 알고 있다는 뜻이다.

선한 목사는 이것을 기뻐해야 한다. 목사는 자신이 완전하지 않다는 것을 사람들에게 드러내야 한다. 이렇게 할 때, 목사는 비현실적 기대에서 벗어나며, 회중에게 자신도 인간이라는 사실을 인식시키는 셈이다. 이렇게 할 때, 목사도 은혜로 구원받은 타락한 피조물로 존속할 수 있다. 따라서 목사는 자기 허물을 숨기지 말아야 한다. 지혜롭게, 경건한 교훈을 염두에 두고, 자기 허물을 고백해야 한다. 목사 자신도 그리스도를 알지 못하던 때가 있었다. 그리고 그리스도 앞에 나온 이후, 은혜와 거룩함에서 성장이 절실히 필요하다는 것을 깨달았다. 그렇다면, 목사는 이런 사실을 교인들에게 알려야 한다. 교인들은 이것을 알아야 한다. 목사는 이것을 교인들에게 상기시켜야 한다. 이렇게 할 때 목사들은 대부분 더 큰 자유와 은혜를 경험한다. 특히, 교인들이 목사에게서 동일한 은혜를 받을 때 그러하다.

2) 목사가 그리스도인으로서 진보를 보일 때, 목회자가 겪는 소진과 압박감에서 벗어날 수 있다.

교인들이 목사에게 완벽하라고 요구한다면, 자신도 모르게 목사를 실패와 위선으로 몰아가는 셈이다. 목사는 자기 약점을 인정하고 단념해버리거나, 완벽의 가면을 쓰고 그 약점을 숨기거나 둘 중 하나다. 어느 쪽이든, 사람들은 피곤하다. 마지막으로 성경적인 방법이 있다. 목사의 성장을 위해 기도하고, 목사의 성장을 바라며, 목사가 단점까지 모두 포함해 인간이도록 허락하는 것이다. 이 방법을 통해 교인들은 계속 선한 목사를 모시며, 선한 목사는 예수님을 좇는다.

3) 선한 목사가 믿음의 진보를 이루라고 독려받을 때, 회중은 목사의 삶에서 어려움의 징조를 파악하는 능력이 향상된다.

그리스도인의 삶에서 성장이란 자연스럽다. 선한 목사도 전혀 다르지 않다. 목사가 시간이 지나도 성장하지 않으면, 장로와 교회 지도자는 왜 그의 성장이 정체되었는지 숨은 이유를 찾아내야 한다. 정체에서 벗어나려면, 뜨겁게 기도해야 한다. 아울러 도널드 휘트니의 《당신의 영적 건강을 진단하라》(Ten Questions to Diagnose Your Spiritual Life, NCD)나 옥타비우스 윈슬로우의 《영적 침체와 부흥》(Personal Declension and Revival of Religion in the Soul) 같은 좋은 책을 참조해야 한다. 게다가 선한 목사는 자기 자신과 동역하는 목회자에게 한 해에도 몇 차례 좋은 콘퍼런스에 참여할 기회를 주어야 한다. 그리고 목사가 서재를 좋은 책으로 채우고 그 책을 읽도록 도서 구입비를 적절히 책정해야 한다. 선한 목사는 이렇게 함으로써, 성장을 향한 갈망을 교회 예산에 반영해야 한다.

4) 선한 목사의 성장은 눈에 보여야 한다.

"모두가" 그의 진보를 보아야 한다(15절). 선한 본을 보인다는 말은 이런 의미도 내포한다. 선한 목사는 양 떼의 성장을 원한다. 따라서 자신이 성장해야 한다. 이따금 선한 목사는 양 떼에게 성장했다는 칭찬을 들어야 한다. 물론 목사가 한곳에 일정 기간 머물러야 한다는 뜻이다. 그래야 사람들이 목사가 경건, 은혜, 설교, 영력(靈力), 사랑에서 성장하는 것을 볼 시간이 있기 때문이다.

━ 결론

많은 그리스도인이 목사에게 겁을 먹는다. 너무나 많은 목사들이 자신은 훈련(연습)이나 성장이 필요 없는 슈퍼맨이라고 생각하기 때문이다. 목사와 교인들이 친밀하려면, 투명함과 하나님의 은혜가 필요하다. 목사나 교인들이 교만하다면, 이들 간의 친밀함은 도리어 위험하게 느껴질 수 있다. 그러나 놀라운 유익이 있다. 목사와 교인들이 서로 은혜로 대하기 시작하면, 하나님이 주시는 성장이 어떠한지 보게 된다는 것이다.

27

자신을 공부하는 학생이 된다

"네가 네 자신과 가르침을 살펴 이 일을 계속하라 이것을 행함으로 네 자신과
네게 듣는 자를 구원하리라" 디모데전서 4:16

2006년 4월, 제1회 '투게더 포 더 가스펠 콘퍼런스'(Together for the
Gospel Conference)에 참석했다. 어느 호텔 연회장에 3,000명에 이르
는 목사들과 신학생들이 어깨가 잇닿은 채 빼곡히 들어앉았다. 이
틀하고 한나절 동안, 그리스도와 그분의 복음 안에서 멋진 교제를
나누었다. 3,000명이 기독교의 풍성한 진리를 우레 같은 소리로 찬
양하고, 설교와 가르침을 주제로 하는 멋들어진 설교도 들었다. 그
후 C. J. 매허니는 각자 목사로서 자기 삶을 살피라는 실제적이고
주목할 만한 권면으로 콘퍼런스를 마무리했다. 그 설교는 거듭 들
을 만하다. 이 책을 잠시 덮고 곧장 '투게더 포 더 가스펠' 홈페이

지를 찾아 그 설교를 들어보거나 《십자가를 설교하라》(*Preaching the Cross*, 부흥과개혁사)[37])라는 책을 구해 읽어보기를 권한다.

매허니는 목사들이 자기 삶이 아니라 교리 살피기에 능하다며 정곡을 찌른다. 선한 목사는 자기 삶과 교리 둘 다 보아야 하며, 따라서 이중 초점이 필요하다. 견고한 교리(sound doctrine, 개역개정은 딤전 4:6에서 이것을 "좋은 교훈"으로 옮겼다—옮긴이주)는 바른 삶으로 이어져야 한다. 하지만 늘 그러지는 못하다. 그러나 이러한 불일치는 두 영역 모두에서 바짝 정신을 차려야 한다는, 교리와 행동을 **바짝** 살펴야 한다는 증거다. 신앙과 행동 둘 다 하나님의 말씀에 일치할 때까지, 목사는 진실하게 그리스도인의 삶을 살아야 한다.

▬ 삶과 교리를 살피라

목사가 삶과 교리, 이 둘을 모두 살피려면 어떻게 해야 하는가?

1) 선한 목사는 자신의 삶을 살피도록 도와줄 만한 사람들을 주변에 둔다.

책임감은 필수다. 소극적으로 반응하는 수동적인 책임감이 아니다. 적극적으로 탐구하고 캐내는 주도적인 책임감이 필요하다. 목사는 일반 대화에서 꺼리는 거친 질문이라도 서슴없이 해야 한다. 목사는 단지 목사의 말을 듣는 데 그치지 않고 목사를 추궁하는 사람들이 필요하다. 장로는 장로가 거룩해지길 장로 자신보다 더 간절히 원하는 크리스천 친구들이 필요하다(잠 27:17; 히 10:24). 당신이 장로나 목사라면, 당신의 삶을 마음껏 열람하는 사람을 셋에서 다섯 명 정도 꼽을 수 있는가?

2) 선한 목사는 자신의 가정을 향해 건강한 관심과 참여와 사랑을 늘 유지한다.

많은 목사들이 가정이나 목회를 우상으로 삼고 싶은 유혹을 만난다. 이상하게 들리겠지만, 목사가 목회와 목회 활동을 지나치게 사랑한다면, 그에게 하나님을 향한 사랑이 부족하다는 뜻이다. 그러나 하나님을 향한 사랑과 순종이 강하다면, 가정도 깊이 사랑한다. 디모데전서 3장 4-5절은 오금을 박는다. 가정을 돌보는 일이 목회의 전제 조건이며, 따라서 목회보다 우선한다. 그러기에 선한 목사는 가정과 관련해 자신의 우선순위를 살핌으로 자신의 삶을 살핀다. 선한 목사는 가정에 "예"라고 말하려고 귀한 사역의 기회에 "아니요"라고 말하는 능력과 습관을 기른다. "우리는 다른 어느 부분보다 자녀 관리에서 쉽게 자기기만에 빠지고 도리를 좀체 따르지 않는다."[38]

3) 선한 목사는 자신의 생각과 생활을 세밀하게 살핀다.

선한 목사는 분노, 질투, 헐뜯기, 정욕 등과 맞서 싸운다. 선한 목사는 사랑스럽고 참되며 선한 것들을 생각하려 한다(빌 4:8). 목사는 너무나 자주 자신에게 말하기보다 자신에게 듣는다. 그래서 주의하지 않으면, 목사는 자기 말이 옳다고 믿고는 잘못된 정보를 따라 산다. 목사는 자기 삶을 세밀하게 살펴야 한다. 그러려면, 생각과 바람에서 죄와 싸워야 하고, 경건한 씨를 뿌려야 하며, 자신의 삶이 질식되기 전에 가시와 잡초를 뽑아야 한다.

4) 선한 목사는 자신을, 자신의 가정을, 자신의 교회를 성적 부도덕과 모든 악에서 보호한다.

선한 목사는 안다. 무엇이든 자기 육신을 위해 준비해서는 안 되며, 원치 않는 관심이나 높임이나 혼란을 불러오는 쪽으로 자기 삶을 열어두어서도 안 된다는 것을. 선한 목사는 혼자 여자를 만나지 않으며, 혼자 여자와 여행을 하지 않는다. 선한 목자는 연약한 여자들이 울며 어깨를 기대는 상대가 아니다. 선한 목사의 사무실은 열려 있거나 트여 있어 은밀함을 피한다. 지혜로운 목사는 여자를 만날 때, 사무직원과 아내에게 알린다. 더욱이 지혜로운 목사는 적극적으로, 즐거운 마음으로, 아내를 친밀하게 대한다. 그는 자신을, 자신의 가정을, 자신의 교회를 부도덕한 행동에서 보호하려 한다. 이를 위해 필요하다면, 자신의 눈을 뽑고 팔을 자르는 등 무엇이든 한다. 그는 이러한 보호와 책임에 사람들을 겸손히, 그리고 열심히 참여시킨다.

5) 선한 목사는 자기 삶을 살펴 휴식과 재충전의 시간을 갖는다.

충분한 휴식과 적절한 재충전 시간이 달력에 표시되어 있어야 한다. 목사가 확실하게 쉬려면, 자신의 일정과 습관에 대해 평가를 구해야 한다. 목사가 쉬지 않으면, 결국 전투에서 지고 전쟁에서 패한다. 예수님이 속히 재림하시지 않으면, 목회는 길고 느릿한 노동이다. 번성하려면, 자신의 육체적 필요를 돌봐야 한다.

찰스 브리지스는 1800년대 중반에 영국에서 오래 목회했다. 그는 목사에게 휴식과 재충전이 필요하다는 것을 알았다. "헌신된 하나님의 종은 힘든 일에서 수월한 일로 넘어갈 때 약간의 휴식을 얻는다. 그러나 이따금 온전한 휴식이 필요하다. 자신의 몸과 영혼이 휴식을 요구할 때, 주인께서 노동을 요구하리라고 생각해서는 안 된다. 휴식을 지혜롭게 활용하면 자신의 영성과 그분의 사역이 쇠하지 않고 오히려 번성한다."[39]

6) 선한 목사는 자신의 장점에서 비롯된 습관이나 버릇을 살핀다.

이따금 목사는 장점이 단점이기도 하다. 마틴 로이드 존스는 자신의 고전《설교와 설교자》(*Preaching and Preachers*, 복있는사람)에서 이 부분을 경고한다.

여러분의 타고난 은사와 경향과 버릇을 살피십시오. 제 말은 이것들이 여러분과 죽이 맞는 경향이 있다는 것입니다. 한마디로 요약할 수 있습니다. 여러분의 장점을 살피십시오. 여러분이 살펴야 할 것은 여러분의 약점이 아니라 여러분의 장점입니다. 여러분의 탁월한 부분이며, 여러분의 타고난 은사와 태도입니다. 이것들은 여러분을 넘어뜨리기 십상입니다. 왜냐하면 이것들은 여러분을 유혹해 허세를 부리고 자신에게 영합하게 할 터이기 때문입니다. 그러므로 이것들을 살피십시오. 여러분의 버릇도 살피십시오. 누구에게나 있습니다. 그러기에 우리는 이것들을 살펴야만 합니다.[40]

우리의 장점을 지나치게 중시하면 우리가 하는 사역의 다른 부분들이 약화될지 모른다. 우리는 하나의 큰 집게발로 온갖 것을 다하고 나머지 작은 발은 거의 쓸모가 없거나 주목을 받지 못하는 바닷가재가 될는지 모른다. 시간이 지나면, 우리의 장점이 여느 약점 못지않게 불균형을 초래할는지 모른다.

결론

우리의 삶과 교리를 살피기란 그리 쉽지 않다. 이런 까닭에, 충성된 목사는 반드시 훈련을 해야 한다. 충성된 목사는 자신의 마음과 생각을 공부하는 학생이어야 한다. 사람들에게 자신이 보지 못하는 부분을 살펴달라고 요청해야 한다.

28

교회의 가르침에서
일등 항해사로 선다

"너의 삶과 교리를 세밀하게 살펴라. 그것들을 꾸준히 계속하라. 그렇게 하면, 네가 자신과 네 말을 듣는 자들을 구원할 터이기 때문이다."

디모데전서 4:16(NIV)

사람들은 누군가를 가리켜 '이단 사냥꾼'이라고 한다. 하지만 나는 이 말이 무슨 뜻인지 잘 모른다. 그러나 한 가지는 꽤 확신한다. 나 자신의 회심이 이와 관련이 있다는 것이다. 나는 한때 이슬람에 빠졌었다. 그래서 그리스도를 믿은 후, 교리와 신학에 조금 과도한 관심을 보였다. 처음부터, 튼실한 교리서를 읽었다. 나는 **교리**(doctrine)라는 말을 알지 못했다. 그저 하나님을 정확히 알고 싶을 뿐이었다. 그래서 회심한 바로 그 주에 기독교 서점의 신학 코너에서 책을 두 권 샀다. 그때 내 가슴이 얼마나 콩닥거렸을지 상상해보라. 내가 구입한 책은 J. I. 패커의 《하나님을 아는 지식》(*Knowing God*, IVP)과 마

틴 로이드 존스의 《교리 강좌 시리즈》(*Great Doctrines of the Bible*, 부흥과개
혁사)였다.

무슨 책인 줄도 모르고 샀다. 그러나 두 고전을 읽은 뒤 나는 아
주 달라졌다. 주님이 나에게 놀라운 은혜를 베푸셨다. 주님이 나를
두 거장과 그들의 책으로 인도하셨고, 튼실한 교리를 발판으로 그
리스도인의 삶을 내딛게 하셨다. 지금 생각해도 무척 감사하다.

나는 거짓말에 속아 거기에 삶의 기초를 둔다는 게 무엇인지 알
고 있다. 그러기에 나는 어느 정도 이단 사냥꾼이다. 여기서 이단
사냥꾼이라고 할 때, 내가 상대와 그의 오류를 힘껏 가격하려고 모
든 바위틈에서, 아무리 작더라도 어떤 오류든 찾아내려는 사람이라
는 뜻이 아니다. 나는 오류를 접했을 때, 화를 내거나 이를 갈지도
않는다. 그러나 오류를 진지하게 걱정한다. 나의 경험은 바울의 훈
계가 얼마나 중요한지 확인해준다. "너의 삶과 교리를 세밀하게 살
펴라"(딤전 4:16, NIV).

━ 교리를 세밀하게 살피려면 어떻게 해야 하는가?

1) 성경을 중심으로 삼으라.

선한 목사는 한 책의 사람이다. 그는 신학보다 높은 학문을 알지
못하며, 성경 연구보다 풍성한 예술을 알지 못한다. 하나님의 거룩
한 말씀이 그의 생각에서 중앙 무대를 차지한다. 그는 성경을 깊이
마시며, 바울의 훈계를 듣는다. "기록된 말씀 밖으로 넘어가지 말

라"(고전 4:6). 그는 성경에서 하나님을 따라 하나님의 생각을 생각함으로써 자신의 교리를 세밀하게 살핀다.

2) 훌륭하고 오래된 책을 거듭 읽으라.

최근에 나온 책이 하찮다는 말이 아니다. 하지만 오래된 고전이 여전히 최고다. 우리 시대에 나온 책은 대부분 대량 판매를 지향한다. 반면에 고전은 전형적으로 이런 책보다 엄밀하고 통찰력이 깊다. 고전은 세월의 시험을 통과했다. 지금도 많은 이들이 유명 작가이자 기독교 사상가인 한 사람을 사랑한다. 《나니아 연대기》(The Chronicles of Narnia, 시공사)와 《순전한 기독교》(Mere Christianity, 홍성사)를 선물한 C. S. 루이스다. 그러나 책 읽기에 관한 루이스의 지혜로운 충고를 따르는 사람은 드물다. 루이스가 아타나시우스의 고전 《성육신에 관하여》(On the Incarnation)에 대해 소개하는 글의 첫 문단을 숙고해보기 바란다.

> 주제를 막론하고, 옛날 책은 전문가들이나 읽어야 할 뿐 아마추어는 현대의 책에 만족해야 한다는 이상한 생각이 널리 퍼져 있다. 이렇게 현대의 책을 그릇 선호하고 옛날 책을 멀리하는 성향은 어느 분야보다 신학 분야에 널리 퍼져 있다. 나에게 이것은 곤두박이로 보인다. 나는 작가다. 그러기에 자연스럽게도, 일반 독자들이 현대의 책을 읽길 바란다. 그러나 독자가 새로 나온 책만 읽고 오래된 책을 읽지 않는다면, 오래된 책을 읽으라고 충고하고 싶다. 이런 충고를 하고 싶은 정확한 까닭은 아마추어인 독자가 전문가에 비해 이 시대의 책만

읽는 데서 오는 여러 위험에 훨씬 더 노출되기 때문이다. 좋은 규칙이 있다. 새로 나온 책을 한 권 읽고 오래된 책을 한 권 읽은 후에 다시 새로 나온 책을 읽는 것이다. 이게 벅차다면, 새로 나온 책을 세권 읽을 때마다 오래된 책을 적어도 한 권은 읽어야 한다.[41]

목사가 검증되고 증명된 책을 읽으면, 자신의 교리를 살피는 데도움이 된다.

3) 이따금 나쁜 책도 읽으라.

선한 목사는 정기적으로 나쁜 책을 읽거나 늘 나쁜 책만 읽지는 않는다. 하지만 이따금 나쁜 책을 읽는다. 양 떼의 다수가 나쁜 책에 관심 있기 때문이거나 그 책이 더 넓은 교회 세계에 분란을 일으키기 때문이다. 선한 목사가 나쁜 책을 읽는 목적은 그 책이 어떤문제를 다루며 무엇이 위태로운지 파악해 목양을 더 잘하거나 더욱 예리하게 변증하기 위해서다. 어느 쪽이든 간에, 성경과 고전을 충분히 소화했기에, 충성된 목자는 관련 오류들을 숙지함으로써 자신의 교리를 살핀다.

4) 교회사와 역사신학 책을 읽으라.

대부분의 오류는 이미 이전에 누군가 범한 것이다. 해 아래 새것이 없다. 나쁜 신학도 매한가지다. 선한 목사는 이전 세대의 경건한 사람들이 교리적 오류들을 연대별로 정리하고 논의하며 해결해놓은 교회사와 역사신학 책을 읽음으로써 스스로 이런 오류에 빠지지 않게 예방한다. 옛말에 진리가 담겼다. "역사를 모르는 자들은 그 역사를 되풀이하기 마련이다."

5) 참신함과 유행을 피하라.

대부분의 오류는 참신함(novelty)에서, 새롭거나 혁신적인 것을 말하려는 욕구에서 비롯된다. 하지만 충실한 교사들 중에는 혁신적인 교리를 원하는 사람들이 거의 없다. 선한 목사는 연구하거나 책을 읽다가 새로운 것을 만나면, 적어도 네 질문을 던진다. (1) 구체적으로, 이것이 성도들에게 단번에 주신 믿음의 진리에서, 널리 수용되어 확고히 뿌리 내린 진리에서 어떻게 벗어났는가? (2) 이 개념이나 교리가 중요한 교리 문제에 어떤 영향을 미치는가? (3) 이것이 사람들의 삶에 어떤 영향을 미치는가? (4) 이러한 영향이 실제로 참신한 해석과 관련된 위험이나 문제를 감수할 만큼 가치 있는가?

바울은 7절에서 디모데에게 망령되고 허탄한 신화를 버리라고 말한다. 선한 목사는 바울의 조언을 따른다. 세상은 새로운 것을 달라고 쉬지 않고 아우성친다. 세상은 기발하고 획기적인 것을 원한다. 인간의 마음에는 누구와도 다른 독창적 존재가 되고 싶은 본능이 있다. 그러나 영리하고 독창적이 되려는 목사의 가연성 욕구와 참신함에 대한 세상의 기대라는 기름이 섞일 때, 오류의 대폭발이 일어난다.

6) 견실한 선생들에게 꾸준히 배우라.

어떻게 선한 목사가 배움을 중단하겠는가? 우리 중 누가 우리보다 앞서 살았던 경건하고 학식 깊은 목사들과 신학자들과 사상가들로부터 배워야 할 것을 다 습득할 수 있겠는가? 선한 목사는 구주와 믿음을 아는 지식을 공고히 하는 데 전념하며, 이러한 배움을 위해 구체적으로 계획을 세운다. 선한 목사는 (캠퍼스에서 또는 온라인으로) 신학교 과정을 밟거나, 라디오나 온라인을 통해 배우거나, 좋은 콘퍼런스에 참석하거나, 스터디 그룹에 참여한다. 이런저런 방법으로, 선한 목사는 배우길 그치지 않는다.

7) 교회의 신앙고백에 전념하라.

목사는 교회의 신앙고백을 성경의 가르침에 대한 정확한 요약으로 알고, 그 고백을 지키고 변호하겠다고 서약해야 한다. 목사는 신앙고백의 어느 항목에 대해 확신이 흔들린다면, 곧바로 동료 장로들과 교회 지도자들에게 고백해, 책임을 지고 교정을 받으며, 필요하다면 훈련을 받아야 한다. 우리 교회에서, 장로들은 이렇게 약속한다. "언제든지 본인이 교회의 신앙고백 및 언약선언문의 어느 항목에라도 동의하지 않게 되면, 이 서약 후에 일어난 내 시각의 변화를 목사를 비롯해 다른 장로들에게 먼저 알리겠습니다." 이 서약은 우리의 교리(가르침)를 더 깊이 살피게 한다. (부록에 첨부한 '장로 장립 서약문 견본'을 보라.)

8) 교리적 물렁함과 표류를 밝혀내는 본능을 길러라.

대부분의 경우, 선한 목사는 교회의 신학에서 일등 항해사 역할을 한다. 결과적으로, 선한 목사는 자기 생각을 아주 예리하게 감시해야 하고, 지적으로 자신에게 정직해야 한다. 선한 목사는 신학적인 게으름이나 엉성함이나 무관심을 찾아내는 후각이 필요하다. 선한 목사는 교리적 타협으로 기우는 모든 성향에 맞서 싸워야 한다.

목사나 장로가 사람이 두려울 때마다 신학 전투에서 작은 구역을 연이어 넘겨주는 경향이 있다면, 자기 사람들에게 도움이 되지 않는다. 목사나 장로는 자기 마음에 사람을 기쁘게 하려는 성향이 있지 않은지, 그 때문에 교리적 확신이 흔들리지 않는지 확인해야 한다. 목사나 장로는 자신에게 충돌을 피하려는 경향이 있지 않은지, 이러한 습관 때문에 진리에 대한 자신의 충절이 퇴색되지 않는지 꼭 알아야 한다. 목사나 장로는 실용주의가 언제 어떻게 자신의 생각을 강하게 지배해 견실한 교리를 버리고 "그것이 효과가 있기 때문에" 뭔가를 선택하려는 유혹에 빠지게 하는지 꼭 알아야 한다. 목사나 장로는 자신에게서 표류와 물렁함을 찾아내는 갈고닦은 본능이 필요하며, 이것들을 극복하기 위한 구체적 계획이 필요하다.

━ 결론

모든 이단이나 교회에 만연한 교리적 부패는 어느 목사가 현직에 있을 때 일어났다. 그는 이것을 그리스도의 몸인 교회에 들여왔거나 이것이 교회에 들어오도록 허용했다. 이런 잘못의 상당수는 자기 눈에 옳은 바를 구할 뿐, 성경의 놀라운 진리와 앞서 살았던 사람들의 경건한 지혜를 무시하는 사람들에게서 비롯되었다.

자신의 삶과 교리를 살피라는 바울의 권고는 아주 실제적이고 매우 중요하다. 선한 목사가 세밀하게 살필 때, 그가 돌보는 양 떼의 영적 행복이 영향을 받는다. 살핌으로써, 그는 자신을 구원하고 자신의 말을 듣는 자들을 구원한다.

"주님, 우리에게 은혜를 베풀어 선하고 충성된 일꾼을 당신의 백성에게 보내주십시오."

서로의 기쁨을 키우며
더불어 사는 관계를 소망하며

"너희를 인도하는 자들에게 순종하고 복종하라 그들은 너희 영혼을 위하여 경성하기를 자신들이 청산할 자인 것같이 하느니라 그들로 하여금 즐거움으로 이것을 하게 하고 근심으로 하게 하지 말라 그렇지 않으면 너희에게 유익이 없느니라" 히브리서 13:17

목사는 자신의 목회에 대해 어떻게 느껴야 하는가? 그의 사역을 특징짓는 지배적인 감정은 무엇이어야 하는가? 많은 목사들이 탈진을 느끼고, 좌절을 느끼며, 무기력을 느끼고, 심지어 우울하기까지 하다. 이들에게 목회 사역은 짐이다.

그렇지만 하나님은 부목자들이 자신의 일에 대해 어떻게 느끼길 원하시는가? 히브리서 13장 17절은 이 질문에 답하면서 목사의 일은 기쁨이어야 한다고 말한다. 목사들은 이 구절이 맡겨진 영혼에 대해 하나님께 져야 하는 책임을 말한다는 데서 정신이 번쩍 든다고 자주 말하지 싶다. 그러나 이 경고가 아무리 정신을 번쩍 들게 하더라도, 양 떼를 위해 수고하는 목자는 무엇보다 기쁨이 충만해야 한다.

이 책을 읽고 있는 당신이 목사라면, 이 책의 실제적 권고와 제안에 기쁨이 커지길 바란다. 목회의 기본과 책임에 집중함으로써 자신의 목회 방향을 정하고 명료함의 유익을 누리는 데 보탬이 되길 바란다. 소명을 분명히 알수록 섬김에서 기쁨을 누릴 가능성도 커진다.

이 책을 읽는 당신이 교인일 수도 있고, 목회자 청빙위원회 위원일 수도 있다. 섬기는 사람들에게 기쁨이 되는 목회를 위해 자신이 무엇을 해야 할지 생각해보았는가? 히브리서 13장 17절은 당신에게 목사나 목사 후보자가 힘겨워하지 않도록 그들을 따르라고 요구한다. 기쁨에 찬 목사는 교회와 그 교회의 구성원인 당신에게 유익하다는 데 주목했는가? 하나님의 계획에 따라, 당신의 영적 유익은 목사의 기쁨과 연결되어 있다.

그러므로 모든 실제적 의미에서, 목사와 교인은 서로의 기쁨을 키우며 더불어 산다. 이 책은 목사의 기쁨을 더할 수도 있고 목사에게 부담이 될 수도 있다. 이 책이 당신에게 부담이 되기보다 기쁨이 되기를 기도한다. 이 책이 기쁨이 되도록, 예수 그리스도의 복음에 비추어 읽고 적용하라. 그리스도께서 모든 믿는 자를 위해 지혜와 의로움과 거룩함과 구원함이 되셨다(고전 1:30). 예수만이 우리의 구원을 이루신다. 그러므로 목사를 비롯한 그리스도인들은 부담감 없이 자유롭게 충성과 성장을 기쁘게 추구한다. 당신이 이 작은 책을 활용하면서 주 예수 그리스도의 영화로운 삶, 십자가 죽음, 장사,

부활, 승천, 재림을 늘 생각하길 기도한다. 그분을 자주, 오래 생각하는 것 자체가 기쁨이다.

예수 그리스도 안에서 은혜와 평강과 사랑이 넘치길.

구주를 위해 일하는 당신의 동역자로부터

부록

장로 장립 서약문 견본

장로들에게

1. 그대들은 그대들의 구주 예수 그리스도를 믿는 믿음을 재확인하고, 그분을 만물의 주요 교회의 머리로 인정하며, 그분을 통해 한 분이신 하나님, 곧 성부와 성자와 성령을 믿는가?
예.

2. 그대들은 구약성경과 신약성경을, 전적으로 신뢰할 만하고 완전히 성령의 영감으로 기록된 하나님의 말씀으로 믿으며, 신앙과 행위의 규범, 곧 오류가 없는 최고이자 최종적인 규범으로 믿는가?
예.

3. 그대들은 교회의 신앙고백에 표현된 본질적 신앙 교리를 성경이 우리가 믿고 행하도록 이끄는 바에 대한 신뢰할 만한 해석임을 진심으로 믿으며, 그 고백의 가르침과 인도를 따라 하나님의 백성을 이끌겠는가?

예. 하나님의 도우심으로 그렇게 하겠습니다.

4. 만약 그대들이 신앙고백의 어느 항목에라도 동의하지 않게 될 경우, 이 서약 후에 그대들의 시각에 일어난 변화를 자발적으로 동료 장로들에게 알리겠는가?

예.

5. 그대들은 ○○교회의 다스림과 치리를 따르겠는가?

예.

6. 그대들은 예수 그리스도께 순종하며 성경의 권위를 따라 성령의 인도를 늘 받으면서 그대들의 직무를 다하겠는가?

예.

7. 그대들은 주님 안에서 동료 장로들 간에 서로 따르고, 동역자들과 동료 목사들과 교회 직원들을 사랑하며 그들과 협력하고, 하나님의 말씀과 성령의 명령에 복종하겠는가?

예.

8. 그대들이 알기로, 그대들이 장로의 직분을 받아들인 것은 하나님을 사랑하는 마음 때문이며, 그대들은 하나님의 아들의 복음에 나타난 하나님의 영광을 드러내길 진심으로 갈망하는가?

예.

9. 그대들은 어떤 박해나 반대에 부딪히더라도 복음의 진리, 교회의 정결과 평화를 증진하는 일에 열심을 내고 충성하기로 약속하는가?

예. 하나님의 도우심으로 그렇게 하겠습니다.

10. 그대들은 혼자든 함께이든 간에, 사적으로든 공적으로든 간에, 장로로서 그대들의 모든 의무를 성실하게 부지런히 행하며, 하나님의 은혜로 그대들의 삶에서 복음이 드러나고, 이 교회 앞에 아주 경건하게 행하려 노력하겠는가?

예. 하나님의 은혜로 그렇게 하겠습니다.

11. 그대들은 이 교회의 장로로서 하나님의 은혜를 의지해 이 교회와 예수 그리스도의 교회 전체가 복되도록, 이 교회의 사역과 자원을 감독하는 일에, 기도와 말씀 사역과 하나님의 양 떼를 목양하는 일에 전념하며 자기 책임을 다하겠는가?

예. 하나님의 도우심으로 그렇게 하겠습니다.

교인들에게

12. 여러분은 ○○교회 교인으로서 _____와 _____를 하나님
    께서 예수 그리스도의 길로 우리를 이끌도록 보내신 하나님의 선
    물로 알고, 이들을 장로로 인정하며 공적으로 받아들이겠습니까?
    예.

13. 여러분은 이들을 사랑하고 이들의 사역을 위해 기도하며, 이들
    과 겸손하게 기쁜 마음으로 동역함으로써 하나님의 은혜로 교회
    의 사명을 이루며, 이들을 합당하게 존경하고, 주님께서 이들을
    불러 맡기신 직분을 잘 감당하도록 이들을 도와 하나님께 영광
    과 존귀를 돌리겠습니까?
    예.

주

1) D. A. Carson and Douglas J. Moo, *An Introduction to the New Testament*, 2nd ed.(Grand Rapids, MI: Zondervan, 2005), 380.

2) 관심 있는 독자들이 구해 읽을 만한 유익한 책을 몇 권 소개하겠다. Michael Brown, ed., *Called to Serve: Essays for Elders and Deacons* (Grandville, MI: Reformed Fellowship, 2007); Mark Dever, *A Display of God's Glory: Basics of Church Structure: Deacons, Elders, Congregationalism, and Membership* (Washington, DC: IX Marks, 2001); David Dickson, *The Elder and His Work* (Phillipsburg, NJ: P&R, 2004); Benjamin J. Merkle, *40 Questions about Elders and Deacons* (Grand Rapids, MI: Kregel, 2008); Phil A. Newton, *Elders in Congregational Life: Rediscovering the Biblical Model for Church Leadership* (Grand Rapids, MI: Kregel); Alexander Strauch, *Biblical Eldership: An Urgent Call to Restore Biblical Church Leadership* (Colorado Springs, CO: Lewis & Roth, 1995); Timothy Z. Witmer, *The Shepherd Leader: Achieving Effective Shepherding in Your Church* (Phillipsburg, NJ: P&R, 2010).

3) 관심 있는 독자들은 〈*9Marks eJournal*〉 2010년 5/6월호를 보면, 이러한 집사의 역할을 받아들이는 데 도움이 되겠다. 이 잡지는 인터넷(http://www.9marks.org/ejournal/deacons)에서도 찾아서 읽을 수 있다.

4) D. Martyn Lloyd-Jones, *Victorious Christianity: Studies in the Book of Acts*, vol.3 (Wheaton, IL: Crossway, 2003), 236, 237-238. 정상윤 옮김,《승리하는 기독교》(복있는사람, 2011).

5) John Bunyan, *Pilgrim's Progress in Modern English* (Lafayette, IN: Sovereign Grace, 2000), 47. 최종훈 옮김,《천로역정》(포이에마, 2011). 이선숙 옮김,

《현대인을 위한 천로역정》(프리셉트, 2012).

6) Philip Graham Ryken, *1 Timothy*, Reformed Expositors Commentary (Phillipsburg, NJ: P&R, 2007), 124.

7) George W. Knight III, *The Pastoral Epistles: A Commentary on the Greek Text* (Grand Rapids, MI: Eerdmans, 1992), 170.

8) Ryken, *1 Timothy*, 128-129.

9) 이 주제를 아주 훌륭하게 다룬 자료를 원한다면 Witmer, *The Shepherd Leader*, 특히 1-2장을 보라. Timothy S. Laniak, *Shepherds after My Own Heart: Pastoral Traditions and Leadership in the Bible* (Downers Grove, IL: InterVarsity, 2006)도 보라.

10) 성경은 이러한 칭호들을 동의어로 사용한다. 나 역시 이어지는 단락들에서 이 칭호들을 동의어로 사용하겠다.

11) 권위와 사랑에 대한 탁월한 변호와 성경적 해석을 원한다면, Jonathan Leeman, *The Church and the Surprising Offense of God's Love: Reintroducing the Doctrines of Church Membership and Discipline* (Wheaton, IL: Crossway, 2010), 특히 3장과 7장을 보라. 또한 Alexander Strauch, *Leading with Love* (Littleton, CO: Lewis & Roth, 2006)를 보라.

12) Lemuel Haynes, "The Character and Work of a Spiritual Watchman," in *The Faithful Preacher: Recapturing the Vision of Three Pioneering African-American Pastors*, ed. Thabiti M. Anyabwile (Wheaton, IL: Crossway, 2007), 29.

13) 경건한 야망에 관한 탁월한 고찰을 원한다면, Dave Harvey, *Rescuing Ambition* (Wheaton, IL: Crossway, 2010)을 보라.

14) Charles Bridges, *The Christian Ministry: With an Inquiry into the Causes of Its Inefficiency* (Edinburgh: Banner of Truth, 1997), 23.

15) William Still, *The Work of the Pastor* (Ross-shire: Christian Focus, 2001), 15.

16) John Calvin, *Commentaries on the Epistles to Timothy, Titus, and Philemon*, trans. William Pringle (Grand Rapids, MI: Baker, 1996), 77.

17) D. A. Carson, "The Role of the Elder," 1998년 5월 3일 워싱턴 D.C.에 자리한 캐피톨힐 침례교회에서 행한 강연.

18) John MacArthur, *The MacArthur Study Bible* (Nashville, TN: Word Bibles, 1997)의 디모데전서 3장 2절에 대한 각주를 보라(p.1864).

19) Ryken, *1 Timothy*, 111.

20) 이와 관련해 더 깊이 연구하고 싶다면 다음을 보라. John Piper and Wayne Grudem, eds. *Recovering Biblical Manhood and Womanhood: A Response to Evangelical Feminism* (Wheaton, IL: Crossway, 1991); Wayne Grudem, *Evangelical Feminism and Biblical Truth: An Analysis of More than 100 Disputed Questions* (Sisters, OR: Multnomah, 2004); '성경적 남성성과 여성성에 관한 협의회'(Council on Biblical Manhood and Womanhood, http://www.cbmw.org)에서 얻을 수 있는 귀중한 자료들.

21) Alexander Strauch, *A Christian Leader's Guide to Leading with Love* (Littleton, CO: Lewis & Roth, 2006), 67. 김승래 옮김,《성서에 나타난 장로상》(쿰란출판사, 2005).

22) 같은 책, 99.

23) John Calvin, *Commentaries: Epistle to the Romans* (Grand Rapids, MI: Baker, 1981), xxvii. 민소란 옮김,《칼빈주석: 로마서》(규장, 2013).

24) D. Martyn Lloyd-Jones, *Preaching and Preachers* (Grand Rapids, MI: Zondervan, 1971), 109-110. 정근두 옮김,《설교와 설교자》(복있는사람, 2012).

25) John Calvin, *Commentaries: First Epistle to Timothy* (Grand Rapids, MI: Baker, 1981), 80.

26) 다음을 보라. Alfred Poirier, *The Peacemaking Pastor* (Grand Rapids, MI: Baker, 2006). 이영란 옮김,《교회갈등의 성경적 해결방법》(CLC, 2010).

27) Charles Edward White, "Four Lessons on Money from One of the World's Richest Preachers," *Christian History* 19 (Summer 1988): 24; Randy Alcorn,

Money, Possessions and Eternity (Sisters, OR: Multnomah, rev. ed. 2003), 298-299에서 재인용. 김신호 옮김,《돈, 소유 그리고 영원》(예영커뮤니케이션, 2006).

28) Ryken, *1 Timothy*, 116.

29) 그래서 바울이, 특히 장로들과 관련해 이 문제를 제기하면서 말하듯이, 새 신자들과 교인들을 적절한 신학 훈련과 사역 훈련을 받게 한 후에 그들을 특정한 섬김의 자리에 배치하거나, 교인이 되고 처음 6개월 동안은 주로 교회에서 배우고 관계를 집중하도록 독려하는 등으로 이를 더 넓게 적용하는 것이 현명하다.

30) Calvin, *Commentary on 1 Timothy*, 83-84.

31) Charles Haddon Spurgeon, *Lectures to My Students* (Fearn, Scotland: Christian Focus), 365. 원광연 옮김,《목회자 후보생들에게》(크리스찬다이제스트사, 2009).

32) Jonathan Edwards, *Memoirs of Jonathan Edwards, A. M.*, vol. 1, The Works of Jonathan Edwards (Peabody, MA: Hendrickson, 1998), lxiii.

33) 이러한 유혹들에 관한 유익한 논의를 원한다면 다음을 보라. Kent and Barbara Hughes, *Liberating Ministry from the Success Syndrome* (Wheaton, IL: Crossway, 1987). 김현회 옮김,《성공 신드롬에서 자유로운 목회》(디모데, 2010).

34) Calvin, *Commentary on 1 Timothy*, 13; 강조는 원문 그대로다.

35) Bob Kauflin, *Worship Matters: Leading Others to Encounter the Greatness of God* (Wheaton, IL: Crossway, 2008), 47.

36) Bridges, *The Christian Ministry*, 49. 황영철 옮김,《참된 목회》(익투스, 2011).

37) Mark Dever, J. Ligon Duncan III, R. Albert Mohler Jr., and C. J. Mahaney, *Preaching the Cross* (Wheaton, IL: Crossway, 2007). 이심주 옮김,《십자가를 설교하라》(부흥과개혁사, 2009).

38) Bridges, *The Christian Ministry*, 166.

39) 같은 책, 137-138.

40) Lloyd-Jones, *Preaching and Preachers*, 255.

41) C. S. Lewis, "On the Reading of Old Books," in *God in the Dock: Essays on Theology and Ethics* (Grand Rapids, MI: 1970), 200. 홍종락 옮김, 《피고석의 하나님》(홍성사, 2011).

국제제자훈련원은 건강한 교회를 꿈꾸는 목회의 동반자로서 제자 삼는 사역을 중심으로
성경적 목회 모델을 제시함으로.세계 교회를 섬기는 전문 사역 기관입니다.

충성된 장로와 집사를 찾아서

초판 1쇄 발행 2014년 7월 22일
초판 4쇄 발행 2021년 3월 31일

지은이 타비티 M. 안야빌리
옮긴이 전의우

펴낸이 오정현
펴낸곳 국제제자훈련원
등록번호 제2013-000170호(2013년 9월 25일)
주소 서울시 서초구 효령로 68길 98(서초동)
전화 02)3489-4300   **팩스** 02)3489-4329
이메일 dmipress@sarang.org

ISBN 978-89-5731-658-0 03230